O Negócio da China

Inspirado em A Arte da Guerra, de Sun Tzu

Dados Internacionais de Catalogação na Publicação (CIP)
(Câmara Brasileira do Livro, SP, Brasil)

Steffanelo, Moisés
    O negócio da China / Moisés Steffanelo. —
São Paulo : Ícone, 2007.

    'Inspirado em A Arte da Guerra, de Sun Tzu'
    ISBN 978-85-274-0940-7

    1. Auto-ajuda - Técnicas 2. Empreendedores
3. Empreendedorismo 4. Negócios 5. Sucesso em
negócios 6. Sucesso profissional 7. Sun-Tzu, séc.
6 A. C. Arte da guerra - Crítica e interpretação
I. Título.

07-5205   CDD-650.1

Índices para catálogo sistemático:

1. Sucesso nos negócios : Empreendedores :
    Administração   650.1

Moisés Steffanelo

O Negócio da China
Inspirado em A Arte da Guerra, de Sun Tzu

A sabedoria para empreendedores...
... dispostos a transformar suas idéias em negócios bem sucedidos.

Ícone editora

© Copyright 2007.
Ícone Editora Ltda.

Revisão
Rosa Maria Cury Cardoso

Capa e Diagramação
Andréa Magalhães da Silva

Proibida a reprodução total ou parcial desta obra,
de qualquer forma ou meio eletrônico, mecânico,
inclusive através de processos xerográficos,
sem permissão expressa do editor
(Lei nº 9.610/98).

ÍCONE EDITORA LTDA.
Rua Anhangüera, 56/66
CEP 01135-000 — São Paulo — SP
Tel./Fax.: (11) 3392-7771
www.iconeeditora.com.br
E-mail: iconevendas@iconeeditora.com.br

Dedico este pensamento a György Böhm,
um grande amigo que me clareou a visão, permitindo que
eu enxergasse melhor
o prazer de aprender:

*Ensinar é um Dom que não termina
quando o verdadeiro mestre ensina,
e renova o saber
do mestre
que é capaz de aprender
em cada momento de ensinar.*
autor

"Sede vossa própria luz
Sede vosso próprio apoio
Conservai-vos fiéis à liberdade
que há dentro de vós
como sendo a única luz."
Buda

Apresentação

O valor da sabedoria popular é incontestável. Através dela são transmitidos conhecimentos milenares já muitas vezes testados e comprovados. Ocorre-me citar um desses pensamentos, que tem grande abrangência:

"No amor,
nos negócios,
e na guerra,
vale tudo"

sabedoria popular

Sobre o amor...
... que vale tudo... ninguém tem dúvidas...
... iniciador de tantas guerras...
... impulsionador de tantos negócios...
... razão de muitas quebras...
... motivo de muito sucesso
... invocado em nome da paz

AMOR

Em teu nome o que não se faz?

Pretensioso é aquele que diz entender de amor.

Amor, não se entende, se pratica.

Mas vamos deixar o amor para os amantes, que nos deliciam com suas histórias, e trilhar outros caminhos dentro da nossa proposta de empreendedorismo.

Em algum momento no passado, isto que hoje é tido como verdades testadas e provadas teve seu registro por alguém que se interessou pelo assunto. Neste contexto vamos encontrar no livro *A Arte da Guerra* um tratado de estratégia militar escrito pelo Mestre Sun Tzu em 13 capítulos cuja data em que foi escrita não se sabe ao certo, mas as referências bibliográficas o colocam entre 500 a.C. e 400 a.C. Este livro tem acumulados em torno de 2.500 anos de sabedoria e continua atual.

Seis anos atrás, quando pela primeira vez tomei contato com *A Arte da Guerra*, percebi o valor atual do conteúdo e o quanto ele contribuiu e registrou em termos de planejamento estratégico, indo do geral para o específico, analisando cada passo até chegar às formas de se obter a vitória que afinal é o objetivo da guerra. Na medida em que eu ia avançando na versão que lia (baseada na tradução do missionário jesuíta francês Padre Amiot em 1772) pude perceber a cada capítulo com mais clareza o paralelismo que existe entre o amor, a guerra e os negócios. Sobre o amor já dissemos que vale tudo, pois qualquer esforço é valido para se atingir o objetivo.

Sobre a guerra, apesar de ter servido ao Exército Brasileiro como cavalariano e posteriormente ter feito o ciclo de estudos estratégicos na Associação dos Diplomados da Escola Superior de Guerra de São Paulo, nunca participei de nenhuma e por esta ventura me sinto muito feliz e sou extremamente grato ao tempo e local onde nasci.

Ainda sobre a guerra, ninguém melhor que o Mestre Sun Tzu para descrevê-la. Mudaram as armas desde 2500 anos atrás, mas os conceitos básicos são aplicados até hoje. Da mesma forma no mundo do empreendedorismo os conceitos básicos são os mesmos desde sempre. Não são fáceis de perceber, não porque não sejam óbvios, mas sim porque é importante perceber a seqüência lógica e os erros capitais que faz um empreendimento vitorioso e outro não. Em qualquer empreendimento, conhecer para evitar os erros básicos e seguir as seqüências das ações, é que vai mostrar passo a passo os desvios e permitir corrigir o rumo até alcançar o objetivo.

Já meus conhecimentos de negócios são melhores. Sou contador e Administrador formado pela Faculdade de Economia e Administração da Universidade de São Paulo onde me formei em 1974. Em 1975 iniciei o curso de Mestrado na mesma Escola, mas por razões de dedicação à empresa onde eu trabalhava não pude concluir. Naquela época esses cursos somente eram possíveis de serem feitos durante o dia, e daí o conflito com o trabalho era muito sério. Em 1976 tive que abandonar, mas acredito que esses quase dois anos, quando eu tinha 25 anos valeram a pena.

No decorrer de minha carreira profissional acumulei alguma experiência no pantanoso terreno da criação de negócios. Poderia citar alguns, tanto de implantação de empresas para multinacionais, como negócios próprios, que hoje estão presentes no mercado, mas isto não vem ao caso.

O que realmente interessa para efeito deste ensaio, é que, tanto a guerra quanto um negócio podem ser vistos e tratados através dos mesmos conceitos estratégicos. Quem tiver a curiosidade de ler o tratado original de Sun Tzu verá que:

... ele inicia dizendo:

"A guerra tem importância crucial para o Estado. É o reino da vida e da morte. Dela depende a conservação ou a ruína do império. Urge bem regulá-la...".

...e termina seu livro dizendo:

"Dessa maneira apenas o governante esclarecido e o general criterioso usarão as mais dotadas inteligências do exército para a espionagem, obtendo dessa forma, grandes resultados."

Com tanta espionagem industrial nos dias de hoje, há de se reconhecer que o paralelo entre a guerra e os negócios ainda são surpreendentes.

A espionagem aqui citada, pode ser entendido no sentido comum, ou ainda pelo roubo de capital intelectual de uma empresa que é o conhecimento adquirido durante sua existência.

Assim interpretando alguns conceitos tirados dos 13 capítulos do livro de Sun Tzu, e acrescentando minha experiência como empreendedor, pretendo mostrar as semelhanças estratégicas entre a arte da guerra e a arte de fazer negócios, para que o leitor ache o caminho do sucesso no negócio onde trabalha ou o caminho do próprio negócio, assim, poderá transformar seu negócio em um **NEGÓCIO DA CHINA**.

Em cada capítulo da *Arte da Guerra*, veremos citações que contêm pensamentos que podem ser interpretados de diversas maneiras. Nossa intenção é colocá-los no contexto do empreendedor. Aqui chamamos de empreendedores todos aqueles que têm o desejo de ter seu próprio negócio e também aqueles que querem empreender dentro de organizações onde atuem como empregados, não importando a dimensão que o negócio tenha ou venha a ter.

Não importa a posição que você ocupe neste contexto pois:

Empreender é ter a percepção de ver o óbvio
e a coragem de colocá-lo em prática,
expondo-se aos riscos que o erro ou acerto
desta decisão te trarão.

Além disso o sentimento de orgulho de um empreendedor quando vê uma idéia sua transformar-se em realidade é um momento mágico, um privilégio único. E que sirva de estímulo e meta para os que buscam este privilégio. Sabemos que todos temos idéias, daí a realizar uma só delas, é outra história, onde encontramos a virtuosidade pois:

A virtude não está em ter idéias, mas sim, na capacidade de realizar uma só das muitas idéias que se tem na vida.

Mais que isso

a virtuosidade do homem está na capacidade de utilização produtiva de seu potencial, transformando suas idéias em realizações.

Prefácio

Este pequeno-grande livro é diferente das obras comuns. Assim, o tempo que alguém levará para lê-lo será muito variável: se fizer uma leitura linear, umas duas horas bastarão para chegar ao ponto final da última página, contudo, se interagir com as idéias apresentadas, poderá manuseá-lo por um tempo imprevisível, dias, talvez até ... sei lá. Um outro aspecto incomum é que o prazer da obra foi transferido ao leitor. O autor não teve a pretensão de divertir seu público com o tema, ou a forma da narrativa ou com estórias habilmente dispersas pelos capítulos, não. A idéia foi desenvolver informações, idéias e reflexões, em uma seqüência lógica, para que os leitores fizessem as suas jornadas e que a alegria e satisfação nascesse da interação que cada qual fizesse com o texto durante a caminhada. De certo modo, possivelmente influenciado pela cultura chinesa, o "Negócio da China" mais parece uma pintura sobre seda do que um livro; um daqueles rolos compridos de muitos metros de cenas históricas ou da vida cotidiana, em que cada um viaja conforme seus interesses e fantasias.

Por que Moisés Steffanelo escreveu este livro? "Bem, para completar as três ações essenciais da existência: criar um filho, plantar uma árvore e escrever um livro". Pode ser: ele já criou dois filhos, já plantou milhares de árvores e este é o seu primeiro livro. Entretanto, há mais a dizer, pois o conheço bem há mais de 20 anos e já comemos mais de um pacote de sal juntos. Somos vizinhos em um pedaço do paraíso, o Atibaia Clube de Montanha. Ele é de Chapecó, Santa Catarina, e descende de uma família conceituada e numerosa. Numerosa? Um pouco mais: tem 14 irmãos. Por aquelas vicissitudes escritas pelo destino, perdeu o pai ainda menino e junto com ele, a estabilidade do lar. Passou a adolescência em Goiânia, abrigado por uma irmã. Terminado o ciclo da educação secundária, enfrentou São Paulo sozinho. Conseguiu o sustento e o passaporte para a Universidade de São Paulo. Trabalhou de dia e fez a Faculdade de Economia e Administração à noite. Por aqui casou com Dona Márcia e teve seus filhos: Cássia e Bráulio. Não, não se preocupe, já encerrei a biografia, só faltou dizer duas coisas importantes. A primeira, que ele é um empresário muito bem sucedido e exclusivamente por méritos próprios; não herdou, não ganhou a mega-sena e nem teve a sorte dos bobos. A segunda, que ele sempre gostou e ainda gosta de ler. Devo dizer que neste deserto isto é coisa rara. Faço esta afirmação com muita tristeza, pois sou professor universitário de profissão e vocação. Pois bem, um dia caiulhe nas mãos a *A Arte da Guerra*, de Sun Tzu. Ficou fascinado. Comprava os livros que podia sobre o grande autor clássico chinês e falava dele aos borbotões. Inumeráveis vezes minha sauna ficou impregnada de Sun Tzu e só não jorrou sangue porque os pensamentos bélicos ficaram temperados com toda sorte de reflexões econômicas, industriais e comerciais. Foi aqui, a 1.300 metros acima do nível do mar, em sua casa de campo, "O Lar dos Benzús", que começou a complexa metamorfose da *A Arte da Guerra* de Sun Tzu, e, finalmente, após uns bons 6 anos, saiu da crisálide *O Negócio da China* de Moisés Steffanelo.

Antes de encerrar este prefácio, é preciso que o leitor se tranqüilize, pois o autor sabe que "a sabedoria não pode ser comunicada" e que "a sabedoria que um sábio quiser transmitir sempre cheirará a tolice". Ele também leu *Sidarta* de Hermann Hesse – se não me falha a memória em espanhol. Portanto, que não se interprete mal o subtítulo "A sabedoria para empreendedores". *Honni soit qui mal y pense.* As obras imortais, *A Arte da Guerra* é uma delas, são fontes inesgotáveis de idéias e estas, se transformadas em ações e bem vividas podem levar a sabedoria. Uma montanha de informações não é sabedoria; é inútil procurá-la na Internet ou nas enciclopédias. Entretanto, um apurado senso de discernimento pode ser sabedoria e nasce, necessariamente das vivências individuais. Moisés não se crê sábio a transmitir sabedorias, é simplesmente uma pessoa que passa horas felizes colocando no papel reflexões que lhe surgiram ao absorver Sun Tzu, recordações de vivências em seus empreendimentos que, por algum truque de suas conexões nervosas, dão-lhe a ilusão que tem paralelo nas observações do sábio chinês sobre a arte da guerra. Este é o mágico jogo de espelhos da leitura: as idéias de alguém, mesmo de épocas e culturas distantes, permitem relembrar vivências esquecidas e compreendê-las melhor. Revelam pensamentos que se confundem com os nossos, brotando novas possibilidades e empreendimentos. A sabedoria poderá estar nas nossas descobertas ao admirar o espelho; só na nossa interação, jamais no espelho.

O livro *O Negócio da China* é tão-somente um espelho que reflete pensamentos e reflexões de Moisés Steffanelo estimulados pelas idéias de Sun Tzu, que atravessaram 2.500 anos. Foi preparado com muito amor, na esperança de que você, empreendedor, ao contemplá-lo, ache seu caminho para o sucesso e, na vivência deste, a sabedoria.

György Miklós Böhm
junho/2007

Índice

	Auto-avaliação		21
	Neste capítulo você fará uma auto-avaliação para medir seu potencial natural, reconhecendo o empreendedor que existe dentro de você, e identificando seus pontos fracos e fortes.		
Capítulo	O Negócio da China	*A Arte da Guerra – os 13 capítulos*	
1	**Avaliação do contexto**	*Da avaliação*	31
	Sobre o equilíbrio entre a posição pessoal do empreendedor em relação ao negócio que se pretende realizar, e se este negócio está de acordo com os valores fundamentais nos quais ele foi criado e acredita.		
2	**Identificando oportunidades para iniciar um negócio**	*Do comando da guerra*	41
	Como tornar reais as muitas oportunidades que a vida nos oferece, como identificar a sua, e como se identificar nela.		

3	**Construindo seu plano de negócio**	*Da arte de vencer sem desembainhar a espada*	51
	Da necessidade de ampliar a visão sobre o negócio pretendido. Da análise dos riscos de presumir demais e conhecer de menos.		
4	**Posições táticas**	*Da arte de manobrar tropas*	65
	Da quantificação das informações e a transformação das idéias em números ou símbolos calculáveis que irão mostrar a melhor maneira de se posicionar diante delas.		
5	**Recursos de conhecimento**	*Do confronto direto e indireto*	77
	Dos aspectos pessoais do comprometimento do empreendedor e das pessoas que farão parte do negócio. Da motivação das pessoas em relação ao negócio. Das fases de consolidação do mesmo.		
6	**A busca do emergente**	*Do vazio e do cheio*	91
	Da concentração dos esforços no negócio. Da abertura da mente para suas variáveis.		
7	**Concentrando e harmonizando recursos**	*Da arte do confronto*	103
	Dos aspectos de tributação, ou seja, a cautela necessária nos países como o Brasil, que insistem em punir fiscalmente os empresários bem sucedidos e penalizar o profissional talentoso. Discutiremos ainda a harmonização dos meios nos quais estará inserido o empreendimento.		
8	**Utilizando sabiamente os recursos**	*Da arte das mudanças*	117
	Da limitação dos recursos: juntar um mais um e fazer dois, é coisa normal, qualquer um faz, para empreender, é preciso ir além, é preciso buscar a sinergia entre os recursos disponíveis, e assim obter um resultado maior e melhor, que a simples somatória deles.		

9	**Planejamento estratégico**	*Da importância da geografia*	129
	A análise de sua posição frente ao concorrente, quer ele dispute o mesmo mercado, ou tenha sido ele a inspiração do seu negócio.		
10	**O terreno & o mercado**	*Da topografia*	139
	Vamos caminhar pelas armadilhas do mercado, que nos oferece visões ilusórias. A ilusão dos – pensamentos desejos – indo de encontro às reais possibilidades que o mercado permite.		
11	**Identificando e atravessando os conflitos**	*Dos nove tipos de terreno*	149
	No decorrer da implantação e desenvolvimento de um empreendimento, surgirão muitas situações de conflito, que se não forem eliminadas poderão significar seu fim.		
12	**Momento de decisão**	*Da pirotecnia*	159
	Chega o momento em que decisões têm que ser tomadas e ações executadas. Uma vez dados todos os passos iniciais é hora de ação.		
13	**A informação é poder**	*Da arte de semear a discórdia*	167
	Aqui tratamos do uso das informações como fonte de poder. Ou o excesso de informações como fonte de desinformação.		
14	**O segredo do sucesso**	**O Negócio da China**	177
	Identificar uma oportunidade, estar preparado para ela e correr o risco. Eis o que basta para você ter sucesso. É hora de CORRER O RISCO.		

Auto-avaliação

Neste capítulo você fará uma auto-avaliação para medir seu potencial natural, reconhecendo o empreendedor que existe dentro de você, e identificando seus pontos fracos e fortes.

"a garantia de nos tornarmos invencíveis está em nossas mãos".
Sun Tzu

A idéia que é divulgada como modelo de referência para as pessoas de maneira geral é que: *Querer é poder!*

No meu entender não é bem assim que funciona.

Acho muito mais sensato completar este pensamento da seguinte forma:

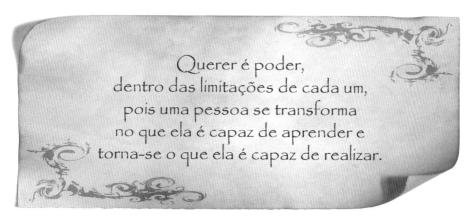

Querer é poder,
dentro das limitações de cada um,
pois uma pessoa se transforma
no que ela é capaz de aprender e
torna-se o que ela é capaz de realizar.

Diante dessa colocação cabe uma reflexão que leva você a ter que adotar posições.

Você pode se tornar invencível ou um eterno frustrado e chorão. Tudo depende de você fazer uma correta auto-avaliação de seus potenciais e limitações, e impor-se metas dentro dos parâmetros possíveis ou pelo menos não muito fora deles. Você se tornará invencível se as metas determinadas forem sendo alcançadas e isto renovará suas forças para alcançar a próxima.

Você se sentirá chorão e frustrado quando se impuser metas longas, inalcançáveis e irreais. Nesta situação ao invés de sentir que as está realizando, mais e mais elas estarão se afastando, e você estará sempre se culpando ou culpando alguém por este fracasso.

Raramente as pessoas buscam dentro de si as razões pelas quais algo deu errado ou determinada meta não foi atingida. É muito mais fácil atribuir os obstáculos não ultrapassados, as metas não atingidas a alguma interferência externa, ou seja o culpado será alguém ou algo, nunca eu.

Diante dessas posições:

– invencível ou frustrado – O que você quer ser?

cabe refletir e responder a algumas perguntas que ajudarão nortear seu posicionamento diante de você mesmo e tirar suas conclusões:

"Se ignoras ao mesmo tempo teu inimigo e a ti mesmo,
só contarás teus combates por tuas derrotas".
Sun Tzu

Não me cabe orientar sua resposta, mas colocar as questões de modo que você mesmo tenha uma boa noção do seu potencial, portanto, seja franco com você mesmo.

Será que sou um empreendedor?

Em um mercado cada vez mais irrequieto, a demanda por profissionais com espírito empreendedor é cada vez maior. Quando dizemos empreendedor, não estamos falando somente das pessoas que buscam seu negócio próprio, mas de todos os que têm uma atitude empreendedora. Estas são pessoas inovadoras, irrequietas, que quebram regras, que correm atrás de seus sonhos e que sabem reconhecer oportunidades, seja dentro da empresa onde trabalham, seja nos mercados da vida, como eu já disse na apresentação – empreender é ter a percepção de ver o óbvio e a coragem de colocar em prática, expondo-se aos riscos que o erro ou acerto desta percepção trouxerem.

Você confia em seu potencial?

Caso você tenha dúvida sobre sua capacidade de implementar projetos, dificilmente alguém confiará plenamente no seu desempenho e liderança. Não se trata aqui de desempenhar com dedicação as tarefas a você designadas, mas sim de enxergar o verdadeiro objetivo de uma missão e alcançá-lo. Muitas vezes você mesmo será quem identificará a missão ou oportunidade. Se você não transmite confiança aos seus comandados ou não confia em você mesmo, ninguém mais confiará. Não confundir decisões estabanadas ou atitudes temerárias com autoconfiança. A confiança em si mesmo nasce do equilíbrio e abrangência com que somos capazes de ver as coisas que nos cercam.

Você está realmente disposto a fazer sacrifícios?

Não só falar deles como discurso, mas sim ir além, sobrepor a média, quebrar regras, correr riscos e ir a exaustão quando necessário. Não ser apenas mais um.

Colher os frutos, todos queremos. Quanto a pagar os preços ...

Escolher o caminho a ser seguido – o mais fácil, ou o que provavelmente levaria ao objetivo, pense nas decisões que você tomou no passado.

Você sabe lidar com imprevistos?

Se você entra em pânico diante de dificuldades imprevistas ou ao longo do caminho, cuidado! Abrir um negócio próprio porá a sua saúde em risco!

Diante da velocidade com que o conhecimento humano se renova, as variáveis do mercado mudam nesta mesma velocidade e isto cria um desconforto permanente e uma quantidade grande de imprevistos.

Você toma decisões com facilidade, rapidez e segurança?

Se você é do tipo postergador, cuidado! Cada decisão postergada cria novas indecisões logo após, e assim sucessivamente. A segurança e rapidez das decisões dependem da capacidade, discernimento e velocidade em processar as informações do mundo que te cerca. Se as decisões difíceis para você são custosas, é porque os ciclos das conseqüências destas decisões não estão se fechando.

Você fareja oportunidades?

Esta é uma característica típica do empreendedor. Ele vê oportunidades em tudo e é extremamente questionador. Onde pessoas normais vêem problemas, o empreendedor vê oportunidades.

Você tem o hábito de anotar as oportunidades que identificou?

Nossa mente sempre tende a atender a necessidades imediatas. As oportunidades identificadas normalmente não são prioridades naquele momento e tampouco necessidades, por isso se não forem anotadas, se perdem.

Você tem disposição?

Ninguém sabe quando a oportunidade surgirá. Portanto você tem que estar sempre pronto.

Você está disposto a liderar pelo exemplo?

A confiança dos outros tem que ser conquistada, assim a equipe terá o suporte que precisa. A pior coisa que pode acontecer é as pessoas duvidarem da capacidade do líder, ainda que continuem a trabalhar para ele.

Você é disciplinado?

A disciplina é o fundamento que coloca em ordem os nossos pensamentos e idéias que depois irão se transformar em ações. Estas devem ser coordenadas para fazer sentido, e permitir que sejam executadas. A idéia que se tem de que – descobertas brilhantes – aconteceram por acaso não é correta. Normalmente são frutos de trabalho longo e disciplinado, pois você só consegue perceber algo diferente, brilhante, se você conhece o não diferente e isso só é possível com disciplina.

Você é perseverante?

Lembre-se que a paternidade das vitórias é comemorada e disputada por todos e as derrotas costumam ser órfãs. Ninguém nunca virá dividir com você suas derrotas. Elas serão somente suas.

A honesta auto-avaliação destes questionamentos lhe dará uma boa posição em relação a você mesmo.

"Conhecer os meios que asseguram a vitória não significa obtê-la."
Sun Tzu

Não se trata aqui de responder mais "SIM" do que "NÃO". Trata-se de ter a coragem de identificar o próprio perfil. Dependendo de qual atributo você não tenha ou não esteja disposto a "pagar o preço", busque caminhos mais suaves para sua vida. Se mesmo assim você insistir, tente não sofrer demais com os revezes.

Por outro lado, agora que você se conhece um pouco mais e identificou a falta de alguns atributos, não se desespere. Felizmente o ser humano é capaz de aprender rapidamente aquilo que lhe interessa. A necessidade é o grande motivador do aprendizado.

O preço a ser pago para aprender um novo negócio, o pedágio, sempre existirá, portanto, tente avaliar se você conseguirá pagar o preço deste aprendizado. Todo o aprendizado cujo preço você é capaz de pagar, seja pessoal ou econômico é um preço barato. O segredo é avaliar antes de iniciar o caminho. Muito importante também é traçar metas em tempos que sejam factíveis, caso contrário você sempre estará postergando a colheita ou resultado final.

Consciente de suas potencialidades e limitações, você se aplicará mais nos seus pontos fracos, exercitando-se, treinando e aprendendo. Utilizará com abundância suas potencialidades que acentuarão o seu diferencial e farão o sucesso das suas iniciativas, e por fim poderá ser um *intrapreneur* empreendedor dentro das empresas que tem a ver com o empreendedorismo, ou um *entrepreneur* empreendedores que têm o próprio negócio.

Boa Sorte!

"A colheita é comum, mas o capinar é sozinho."
Guimarães Rosa em *Grande Sertão: Veredas.*

Capítulo 1

Avaliação do Contexto

Da avaliação

Sobre o equilíbrio entre a posição pessoal do empreendedor em relação ao negócio que se pretende realizar, e se este negócio está de acordo com os valores fundamentais nos quais ele foi criado e acredita.

"Se quisermos que a glória e o sucesso acompanhem nossas armas", jamais deveremos perder de vista os **seguintes fatores**: O caminho, o tempo, o espaço, a doutrina e a disciplina.
Sun Tzu

O Caminho

Qualquer empreendimento que queiramos fazer tem que estar de acordo com nossas crenças e valores existenciais. E quais são estes valores?

Aqui falamos de valores religiosos, morais, sociais, familiares, enfim todo o conjunto de valores que formaram nosso caráter e que norteiam nossa vida. A ordem deles pouco importa, o que importa é que eles não podem ser contrários ao negócio que você tem em mente. Caso seu empreendimento seja conflitante com qualquer um desses pilares que são a base de sustentação da sua vida, os outros não serão suficientes para mantê-lo firme na busca do objetivo e superar as adversidades naturais de qualquer empreendimento.

Por exemplo, se a alegria da sua vida é estar junto de sua família e vê-la unida e feliz, o seu empreendimento não pode agredir a base de sustentação desta proposta familiar. Se o fizer, você estará trabalhando contra sua maior crença, ou seja, você estará trabalhando para destruir o objetivo da sua vida. O mesmo raciocínio vale para os outros valores citados, pois neles é que você se sentirá reconhecido e recompensado pelos seus esforços.

A mola mestra da motivação humana é o justo reconhecimento dos seus feitos junto ao seu grupo. Dentro do conjunto de valores que são sua crença, você se sentirá gratificado, verá que seu esforço valeu a pena. Não importa a quais destes valores ou quanto, você dê mais importância, o que importa é não haver o confronto que te leve ao desânimo ou descrença. É claro que esperar reconhecimento permanentemente por seus feitos é muito infantil, mas estar com a consciência tranqüila de que você fez o melhor que pôde, dentro de suas crenças, permite estar em paz consigo mesmo e equilibrado diante dos teus.

O Tempo

Independente de nossa vontade:

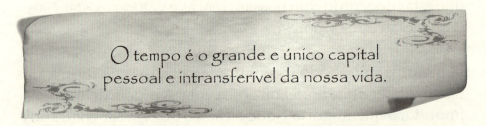

O tempo é o grande e único capital pessoal e intransferível da nossa vida.

O tempo é o único capital pessoal indivisível, pois somente você poderá decidir como gastar o seu tempo. Se bem utilizado nos traz sabedoria e prazer. Se mal utilizado se esvai e quando olharmos para trás, não veremos muitas coisas que realmente tenham valido a pena como fruto de uma vida.

Pense nisto.

No tempo certo é que será identificado e definido o negócio vitorioso. Ele é que trará o reconhecimento gratificante ou a cobrança opressiva. Cada coisa acontecerá a seu tempo. É sua responsabilidade perceber e influir, participando, comprometendo-se, arriscando ou deixando passar para ficar tudo como está. Existe uma postura muito importante para percebermos os acontecimentos que na verdade são diários.

Esta postura é:
– conseguirmos estar plenos
e inteiros em cada ação –
isto nos coloca em harmonia com o tempo
e nos permite ver e sentir o que se passa conosco e em
volta de nós, em cada momento da nossa vida, e extrair
daquele momento
a melhor oportunidade.
Este é o segredo do tempo.

Quando digo: *estar inteiro em cada ação*, significa gozar o momento, curtir o "estar", pois só assim somos capazes de perceber o mundo que nos cerca e as mensagens que podem se transformar em oportunidades e que nos rodeiam.

Qualquer atitude aflitiva em, estar inteiro em qualquer momento, bloqueia os sentidos e não te permite enxergar as oportunidades por mais evidentes que estejam.

A atitude aflitiva é identificável quando você freqüentemente gostaria de estar fazendo a próxima coisa, ou seja, estou aqui com o corpo, mas a próxima ação é que seria melhor, logo, não vejo a hora do momento atual acabar e o momento futuro começar, portanto não consigo estar aqui.

Estar inteiro é ir além dos cinco sentidos: tato, olfato, audição, visão e paladar; é perceber a mensagem oculta, interpretar os sinais onde quer que estejam, até nas atitudes das pessoas, é entender as mensagens não ditas que estão fluindo, é antecipar os acontecimentos e descortinar oportunidades.

O Espaço

Onde localizar seu esforço, onde cravar seus alicerces.

Não adianta atirar para todos os lados.

Ocupar-se de uma coisa de cada vez, pisar em terreno firme e focar suas energias em um único objetivo, fechando o ciclo de cada coisa, concluindo o que começou antes de iniciar algo novo, assim você estará encontrando e ocupando seu espaço e fortalecendo seu caminho.

> *"Fortalecer-se por todos os lados
> é enfraquecer-se por todos os lados."*
> Sun Tzu

Isto não significa uma atitude obtusa em relação a estar aberto aos diversos conhecimentos humanos, mas centralizar o foco de interesse em um assunto específico e aprofundar-se nele até que sua necessidade daquele saber esteja satisfeita, para o assunto que lhe despertou interesse. Mesmo que aquele conhecimento não seja útil para o que você busca naquele momento, ao menos será útil para não tomar novamente seu tempo com a mesma dúvida uma vez que este espaço está preenchido.

Estamos tratando aqui de reais interesses que possam criar atitudes produtivas, e que mereçam uma análise mais profunda. Não confundir interesse com xeretice.

As informações ou conhecimentos normalmente não se encontram disponíveis no momento da dúvida. É necessário perseverar e buscar este conhecimento para preencher o espaço vazio que a dúvida deixou em você.

Se sua atitude não for essa, sua vida será um monte de terrenos não explorados e você certamente não encontrará o seu espaço e tampouco pisará em terreno firme.

Isto não quer dizer que você não possa tocar diversos assuntos paralelamente. É perfeitamente possível fazê-lo, o cuidado é separar cada um deles sendo sempre conclusivo a respeito do assunto em que se estava trabalhando.

A Doutrina ou Liderança

A valorização das pessoas que estiverem sob seu comando, bem como a motivação são fatores determinantes para o sucesso ou fracasso do empreendimento.

O conhecimento das limitações próprias e dos comandados tornará as atitudes do líder justas e humanas, assim todos se empenharão ao máximo para que o empreendimento seja um sucesso. Atitudes diárias que sejam um exemplo permanente a ser seguido criarão uma força capaz de substituir a presença permanente do líder, pois as atitudes consistentes e sólidas tendem a ser copiadas.

O reconhecimento do espírito de determinação e justiça fará com que os subordinados tenham orgulho do seu comandante.

"O guerreiro inteligente procura o efeito da energia combinada e não exige muito dos indivíduos, leva em conta o talento de cada um e utiliza cada homem de acordo com sua capacidade. Não exige perfeição dos sem talentos."
Sun Tzu

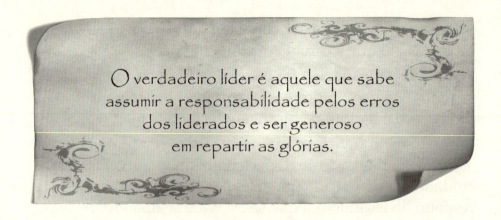

O verdadeiro líder é aquele que sabe assumir a responsabilidade pelos erros dos liderados e ser generoso em repartir as glórias.

Compreender os desvios e corrigir a rota, removendo obstáculos e criando condições para que as coisas aconteçam, utilizando o que está disponível e daí, tirar o melhor resultado. Na verdade liderar é ser capaz de levar adiante uma conduta conseqüente que se for seguida levará os envolvidos à vitória.

Para poder liderar pessoas você tem que ter primeiro segurança nas tuas ações, pois o primeiro seguidor da tua liderança é você mesmo, guiado e cobrado pela tua consciência.

A Disciplina

Dentro de qualquer negócio ou empreendimento a disciplina exerce papel fundamental para que as tarefas sejam feitas de forma ordenada e controlável. Para isto, quanto mais metódicas forem as ações, mais facilmente poderão ser compreendidas e controladas. Desta forma é possível corrigir quando mal executada ou elogiar quando bem feita e aprimorar quando necessário.

De nenhuma maneira isto será possível, se a cada vez que uma ação for necessária ela seja executada de forma aleatória, sem método e sem disciplina, mesmo que o resultado seja atingido. Houve um acerto temporário mas, não houve nenhum ganho permanente para o empreendimento, assim, quando surgir a mesma ação novamente haverá o desgaste da dúvida e possivelmente será executada sabe-se lá de que forma e com que resultado.

Ser disciplinado, não significa não ser criativo, pois o capital intelectual de um empreendimento somente será mantido e enriquecido através de ações disciplinadas.

Cuidado: não confundir desordem com criatividade

Já vi muita burrice ser cometida em nome da "solução criativa", já ouvi muitas vezes como desculpa para resultados pobres que: essa solução criativa foi a salvação, é claro, pois não havia método. Na verdade são soluções improvisadas e formuladas para justificar indisciplina e desordem diante de um problema que poderia ter sido evitado. Para isso bastaria ter sido utilizada as mais elementares técnicas disciplinares.

"Com numerosos cálculos, pode-se obter a vitória.
Tema quando os cálculos forem escassos.
E quão poucas chances de vencer tem aquele que nunca calcula."
Sun Tzu

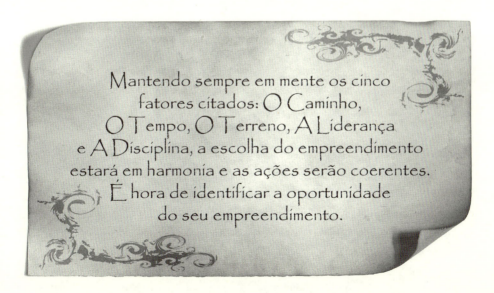

Mantendo sempre em mente os cinco fatores citados: O Caminho, O Tempo, O Terreno, A Liderança e A Disciplina, a escolha do empreendimento estará em harmonia e as ações serão coerentes. É hora de identificar a oportunidade do seu empreendimento.

Capítulo 2

Identificando Oportunidades Para Iniciar um Negócio

Do comando da guerra

Como tornar reais as muitas oportunidades que a vida nos oferece, como identificar a sua, e como se identificar nela.

"Não adies o momento do combate, nem esperes que tuas armas se enferrujem e o fio de tuas espadas se embote. A vitória é o principal objetivo da guerra."
Sun Tzu

As oportunidades num empreendimento ou negócio, normalmente estão muito ligadas às nossas próprias necessidades e habilidades ou ainda áreas onde atuamos e temos conhecimento. Por mais óbvia que pareça essa afirmação, ela é determinante e fundamental.

Determinante: porque essas necessidades, habilidades e conhecimentos é que direcionam o seu interesse comparativo e permitem a primeira avaliação ou contato com uma possível oportunidade.

Fundamental: porque é neles que se baseiam as possibilidades que você tem em dar os primeiros passos em direção ao rápido acúmulo de informações, que permitirão seguir com uma boa idéia ou descartar um projeto absurdo.

Quem for capaz de enxergar o óbvio e nele se colocar como empreendedor, seguramente identificará muitas oportunidades para si e muitas necessidades para os usuários do empreendimento.

Dentro desse raciocínio em busca do empreendimento, quando pensamos ter encontrado a oportunidade, é hora de fazermos uma avaliação maior, devemos então fazer a lição de casa sobre a nova descoberta.

E qual é essa lição de casa?

Para seguir aperfeiçoando e tornando clara a nossa descoberta, algumas perguntas devem ser respondidas:

- Essa necessidade que acabo de enxergar é só minha ou de outros também?
  Se for só sua – desista e busque outra,
  – se é comum de muitos, siga adiante.

- Essa oportunidade é ocasional ou permanente?
  Se for ocasional, analise se o período da ocasionalidade é suficiente para manter o negócio vivo. Pense em possibilidades de completar períodos ociosos com outros trabalhos, de forma a viabilizar a subsistência do seu negócio. Se você não conseguir completar o tempo produtivo de modo a tornar permanente a ocupação, guarde a idéia para retomá-la em outra ocasião.
  Se for permanente ou você conseguir completar a ocupação dos períodos ociosos então você está diante de uma oportunidade.
- Uma vez descoberta esta oportunidade você deverá ser capaz de ficar focado nela para complementar a análise de viabilidade e perceber os possíveis desvios.

Mesmo que você seja capaz de ficar focado na sua descoberta, **faça anotações** para ir capitalizando suas informações e ganhando tempo.

Mesmo que você não prossiga de imediato com este estudo ou projeto, **guarde essas anotações** para um futuro, quando você estiver novamente em busca de idéias, ou quando algum fato novo indique que é hora de retomar o assunto.

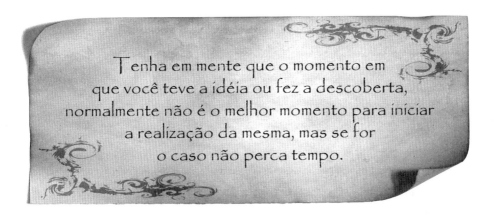

Tenha em mente que o momento em
que você teve a idéia ou fez a descoberta,
normalmente não é o melhor momento para iniciar
a realização da mesma, mas se for
o caso não perca tempo.

Como a grande maioria das coisas da vida, as idéias também têm um ciclo, que é:

– nascem,

– crescem,

– amadurecem e então afloram com toda a força privilegiando aqueles que ousarem,

– morrem, se não forem revitalizadas.

Busque no óbvio identificar uma oportunidade para empreender. Não imagine coisas complexas e longínquas, mas simples e óbvias.

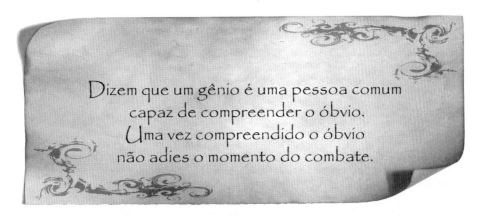

Dizem que um gênio é uma pessoa comum
capaz de compreender o óbvio.
Uma vez compreendido o óbvio
não adies o momento do combate.

Nem sempre o empreendimento que você identificou é possível para você realizá-lo sozinho.

Muitos aspectos, neste caso, devem ser avaliados. É claro que em capítulos seguintes falaremos destes muitos aspectos, mas neste momento convém citar um muito importante:

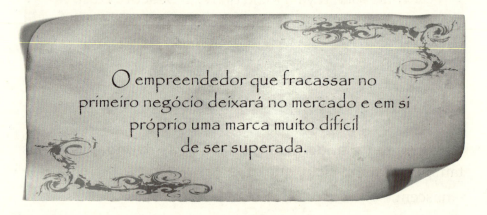

O empreendedor que fracassar no primeiro negócio deixará no mercado e em si próprio uma marca muito difícil de ser superada.

"Apesar de já teres dado mostra brilhante de valor, o último revés apagará toda a glória acumulada."

Sun Tzu

Se sentir que o negócio é maior do que você pode gerir ou digerir, não importa por que razão, busque uma aliança ou sociedade que seja complementar e possibilite o negócio.

Existem inúmeras razões pelas quais muitas vezes não podemos tocar um empreendimento sozinho, vamos ver algumas:

– razão econômica, esta é bastante óbvia pois faltando capital e não conseguindo financiamento o empreendimento não nasce,

– razão de conhecimento, não tendo o saber sobre o assunto e não conseguindo juntá-lo, convém buscar aliança com quem tenha este conhecimento,

– razão de tempo, a dimensão do negócio e as necessidades geradas por ele, não permitem um avanço dentro das suas possibilidades, o mercado te engolirá.

As sociedades servem para diluir os riscos a serem assumidos, pois se eles forem muito grandes é claro que os resultados positivos também o serão, mas se os resultados forem negativos e vier o fracasso..."*O último revés apagará toda a glória acumulada*".

Além disso as sociedades devem ser complementares e nunca competitivas entre os participantes, dessa forma, o melhor de cada um dos sócios será em prol do negócio e não na disputa "de quem faz melhor a mesma coisa". É sabido que sociedades entre pessoas com a mesma competência tendem ao conflito, pois cada um gosta de mostrar seus conhecimentos superiores sobre o assunto. Com isto eu quero dizer que duas pessoas que sabem fazer a mesma coisa ou têm a mesma competência não têm vantagem nenhuma em associar-se. Ao passo que se cada um souber coisas diferentes a junção desse saber deve ajudar muito a sociedade e até trazer algum benefício sinérgico.

• Sinergia

Palavra esta que tomaremos emprestado da medicina, e que significa a combinação de dois ou mais medicamentos para obter um resultado que isoladamente nenhum deles seria capaz de fornecer.

Quando e se, você buscar uma sociedade, tenha o cuidado de analisar se os valores fundamentais de vida da outra pessoa ou pessoas – aqueles citados no Capítulo 1 – são semelhantes aos seus. Caso isto seja verdadeiro não há o que temer, pois vocês têm os mesmos pilares estruturais que ajudarão a superar as dificuldades.

Caso isto não seja verdadeiro, é mais um fator complicador e agravante com que você terá que lidar para superar as dificuldades que certamente advirão no empreendimento. Pois, além das dificuldades naturais a serem superadas, terá que haver concessões sobre valores de vida de cada um, o que nem sempre é tão simples.

Para que você não tenha um revés no seu primeiro negócio ou empreendimento, a cautela e a divisão do risco são atitudes prudentes, pois não convém assumir um risco capaz de inviabilizar qualquer tentativa posterior.

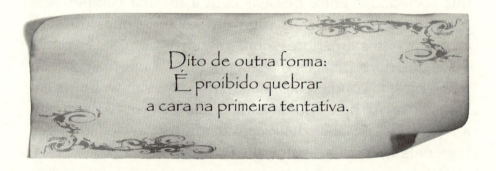

Dito de outra forma:
É proibido quebrar
a cara na primeira tentativa.

"Ciente de tuas capacidades e limitações, não inicies nenhuma empreitada que não possas levar a cabo..."
Sun Tzu

A busca da oportunidade é permanente, pois você nunca sabe a que distância está sua nova idéia vencedora. É bom ter em mente que em um mundo que renova as necessidades com a velocidade dos computadores nenhuma idéia é definitiva e tampouco permanente.

Assim sendo o empreendedor de sucesso deve estar aberto a mais burra das idéias e ações que o cercam, pois certamente, se não for possível enxergar naquela idéia o que fazer, certamente pode ver o que não fazer.

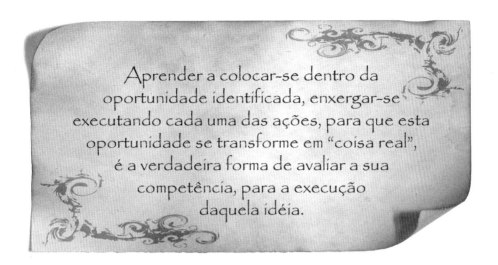

Aprender a colocar-se dentro da oportunidade identificada, enxergar-se executando cada uma das ações, para que esta oportunidade se transforme em "coisa real", é a verdadeira forma de avaliar a sua competência, para a execução daquela idéia.

Lembre-se que estar sempre aberto às novidades é uma condição por si só empreendedora, tentar entender, comparar com as coisas que você conhece e daí ampliar seus horizontes lhe dará uma vantagem permanente na análise das novas oportunidades.

Cabe aqui uma reflexão sobre a virtude:

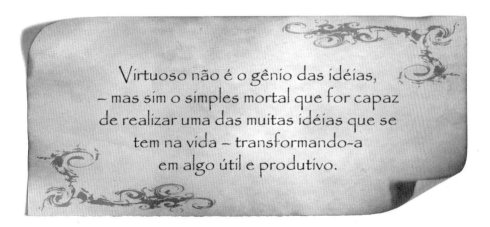

Virtuoso não é o gênio das idéias, – mas sim o simples mortal que for capaz de realizar uma das muitas idéias que se tem na vida – transformando-a em algo útil e produtivo.

Capítulo 3

Construindo Seu Plano de Negócio

Da arte de vencer sem desembainhar a espada

Da necessidade de ampliar a visão sobre o negócio pretendido. Da análise dos riscos de presumir demais e conhecer de menos.

"Se ignoras ao mesmo tempo teu inimigo e a ti mesmo, só contarás teus combates por tuas derrotas."
Sun Tzu

É inegável que muitos empreendimentos de sucesso foram feitos com "a cara e a coragem". Temos que respeitar estas situações, pois, todos nós, ou sabemos de um caso assim ou já ouvimos algo parecido.

Quero aqui fazer uma ressalva, e colocar um componente que não é mensurável e que vale a pena mencionar.

A Intuição

Este é um privilégio de algumas pessoas.

"Certos seres excepcionalmente dotados ignoram as etapas convencionais e <vêem> a solução oculta a todos." *Lecomte Du Noüy – em A Dignidade Humana.*

Assim, a intuição permite a algumas pessoas privilegiadas, a percepção dos fins, sem a evidência consciente dos meios necessários para atingi-los. Isto não quer dizer que estas pessoas não saibam o que fazer nas etapas que devem ser vencidas; na hora certa as ações serão executadas, e as decisões tomadas.

Este privilégio é o causador daqueles sucessos inexplicáveis, que talvez não sejam tão inexplicáveis assim, mas como não é este nosso tema principal, somente quero que conste sua existência. Aqui eu quero trazer um alerta sobre isto, pois todos nós dentro de nossas fantasias nos imaginamos dotados de percepção aguçada. Isto é ainda reforçado pelo fato de termos tido situação de dificuldades onde nos saímos bem através de alguma improvisação. Não considere isto uma superdotação, mas sim uma reação normal de sobrevivência diante de dificuldades. A intuição existe, confie na sua, mas confira os meios para chegar até onde você quer.

Vamos deixar a intuição para ser tratada pelos psicólogos.

Todavia imagine:

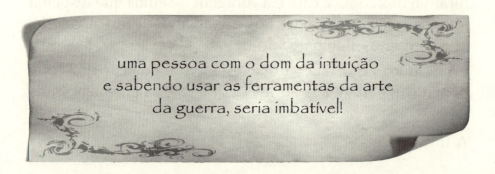

uma pessoa com o dom da intuição e sabendo usar as ferramentas da arte da guerra, seria imbatível!

Mas, nossa proposta está focada em pessoas como eu e você, que não temos este dom, somos seres comuns, e estamos buscando identificar oportunidades e aperfeiçoar nossas qualificações, para nos tornarmos um empreendedor.

Isto posto, e dentro deste raciocínio existem situações que não podemos nos permitir:

Não conhecer as potencialidades pessoais e materiais do negócio que se pretende, substituindo essa análise pelas próprias necessidades, e atirar-se em um projeto sem estudá-lo, sem compreendê-lo e não se cercar do maior número de conhecimento possível sobre o assunto.

Esta é a receita correta para o fracasso.

Resumindo esse pensamento seria:
– substituir o real potencial de um negócio por suas necessidades pessoais.

É no mínimo, burrice cruel e erro fatal.

Esta atitude de atirar-se em algo, sem ponderar, é uma atitude temerária que vemos no dia a dia, é a atitude dos que trabalham demais e produzem de menos, por isso vivem cansados e dizem "trabalho como um escravo e não adianta". E vivem descontentes e insatisfeitos, culpando os outros pelo próprio fracasso.

Vou além, é uma atitude típica daqueles que quando estão no comando culpam os subordinados por tudo o que deu errado.

Além disso são incapazes de uma boa e humilde reflexão sobre "onde foi que eu errei", pois certamente não se conhecia e tampouco conhecia o terreno onde ousou empreender.

"Se ignoras ao mesmo tempo teus inimigos e a ti mesmo, só contará teus combates por tuas derrotas."
Sun Tzu

Também temos na lista dos pecados capitais a **coragem da ignorância!**

Algumas decisões que acabaram dando certo, foram tomadas com a mais absoluta ignorância dos fatos e são divulgadas, até alardeadas como símbolo de arrojo. Com certeza milhões de outras decisões que foram tomadas nas mesmas circunstâncias e deram errado, como é de se esperar, você nunca ficará sabendo, pois o fracasso costuma ser órfão.

É sabido que o conhecimento humano deveria aumentar a cada erro que se comete, mas para que isto aconteça no campo pessoal é necessário estar disposto a aprender com o erro.

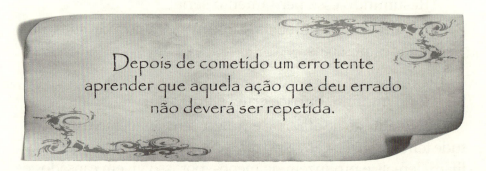

Depois de cometido um erro tente aprender que aquela ação que deu errado não deverá ser repetida.

Talvez por não buscar o entendimento do que causou o erro, as pessoas tendem sistematicamente a repeti-los. É comum ver pessoas em posição de comando imaginarem que substituindo as pessoas que erraram, as falhas simplesmente desaparecerão. Para aprender com o erro aceite-o e tente entender o "por que deu errado" em vez de falar em quem causou o mesmo. Não procure justificar-se, entenda-o.

Tomar decisões sem base, é uma atitude comum e também está na lista dos pecados capitais.

Este processo de aprendizagem é conhecido como: "tentativa e erro", ou seja, você vai tentando até acertar, isto se tiver todos os recursos possíveis para chegar até lá. Quando digo recursos, quero dizer, todos: materiais, energia, tempo, etc...

Volto à sabedoria popular que diz:

"Quem trabalha muito não tem tempo de ganhar dinheiro".

Essa visão simplista é incompleta, pois não leva em conta a essência da questão, que é trabalhar produtivamente, não ignorando a si próprio e ao mundo que nos envolve.

Trabalhar produtivamente significa cercar-se da compreensão sobre o que se pretende fazer, para fazê-lo da melhor forma.

Vou completar o dito popular, para que faça maior sentido:

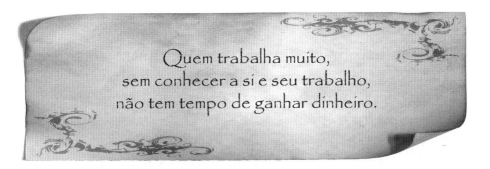

Quem trabalha muito, sem conhecer a si e seu trabalho, não tem tempo de ganhar dinheiro.

"Se conheces teu inimigo, e ignoras a ti mesmo, tuas chances de ganhar e perder são idênticas."
Sun Tzu

Conhecer em profundidade o mercado, o negócio, o concorrente, não são condições suficientes para entrar neste jogo.

Estes conhecimentos são fundamentais para o sucesso do empreendimento, mas são complementares aos conhecimentos das potencialidades próprias.

De nada adianta saber onde está o rio profundo que deve ser atravessado, se quando chegarmos lá descobrimos que não estamos preparados, não temos barco, não existe ponte e o pior de tudo nem sabemos nadar.

Ou seja conhecemos o inimigo e não nos conhecemos.

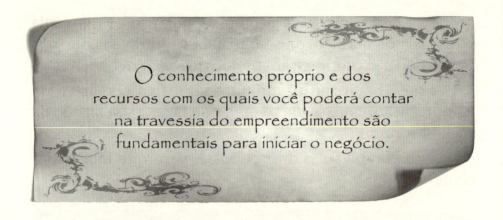

O conhecimento próprio e dos recursos com os quais você poderá contar na travessia do empreendimento são fundamentais para iniciar o negócio.

É muito comum encontrar pessoas que se destacaram na liderança de empresas nas quais trabalharam e que quando decidem montar seu negócio, naufragam. Uma das causas, conforme citamos no exemplo da travessia do rio, é que pessoas capazes de analisar todo um contexto externo, tendem a assumir que suas idéias serão executadas por uma infra-estrutura existente, como estavam acostumadas nas organizações de onde saíram. Não conseguem pensar que esta infra-estrutura no empreendimento que se inicia são eles próprios.

Assim quando partem para o negócio próprio também assumem a premissa que suas idéias "acontecerão" e não se preocupam em conhecer-se em relação ao objetivo. Começam sem fazer uma boa auto-avaliação dos preços pessoais a serem pagos e das dificuldades que serão encontradas no decorrer do nascimento e consolidação do negócio. Eles começam o empreendimento imaginando que, assim como nas organizações de onde vieram, os recursos aparecerão quando faltarem, os imprevistos serão superados, os planos de iniciar o negócio, poderão ser adiados. Tudo isso são verdades em organizações consolidadas, e que não dependem de operações pontuais, pois o negócio como um todo tem inércia própria para superar estas intercorrências iniciais. Em um negócio que está nascendo os recursos não aparecem na quantidade que se deseja, pois são finitos, os imprevistos muitas vezes são intransponíveis e drenam os esforços tão necessários nesta fase embrionária e o iniciar do negócio não pode ser adiado, pois do resultado dele dependem os recursos que garantirão a sobrevivência do mesmo.

É necessário também em qualquer empreendimento saber o momento de retirar-se, e isto só é possível conhecendo-se e definindo os limites de perda aceitável.

Acumular resultados positivos tem um potencial infinito, pois não tem limites. Já o contrário não é verdadeiro, ou seja, uma vez decidido investir em um negócio convém definir até onde eu vou, ou onde está o limite de perda aceitável para dizer – só vou até aqui. Lembro que os cenários mudam na medida que avançamos na implantação de qualquer negócio, mas insisto que limitar as perdas deve ser uma regra a ser observada com muita seriedade. Uma perda definida é aceitável, porque era prevista, uma perda indefinida pode te levar junto.

"Se ignoras teu inimigo, e conheces a ti mesmo",
tuas chances de perder e de ganhar serão idênticas."
Sun Tzu

O arrojo,

A ousadia,

A determinação,

– são, sem sombra de dúvidas, características essenciais no perfil de qualquer empreendedor.

É comum, pessoa com essas características se sentir "toda poderosa" e com tendências a confiar demais no próprio potencial.

De nada adianta ser o melhor mecânico do mundo, se quando você for prestar um socorro a um carro quebrado, não levar uma caixa de ferramentas.

Por mais determinado que você seja, não conseguirá trocar um pneu furado sem os apetrechos mínimos necessários.

"O inimigo desconhecido tolhe suas chances de vitória."
Sun Tzu

Caso você se aventure em um negócio confiando somente na capacidade de resolver as dificuldades à medida que aparecem, sem se preocupar em conhecer

o quê,

como,

quando,

onde,

em relação ao negócio, lembre-se que:

– a cada passo que você avançar, o próximo passo poderá ser de recuo.

Você terá tantas surpresas, que todo o avanço obtido pela sua determinação será perdido diante das situações desconhecidas ou imprevistas, que certamente surgirão com muita freqüência em função do próprio arrojo que caracteriza pessoas extremamente determinadas. Estas pessoas eu costumo chamar de bombeiros incendiários, pois vivem apagando incêndios criados por eles mesmos.

*"Conhece teu inimigo e conhece-te a ti mesmo;
e não temas o resultado de cem combates."*
Sun Tzu

Nada é mais perigoso em qualquer empreendedor que a presunção do conhecimento.

Como é sabido, existem personalidades com tendências detalhistas e outras abrangentes.

Quanto mais técnica é uma formação ou forma de pensar, tanto mais detalhista e focada costuma ser a visão. Se este for o seu caso acostume-se a não perder de vista o conjunto. Isto quer dizer que pessoas assim correm o perigo de cuidar apenas de detalhes e neles se perderem. Sempre que descemos a níveis pontuais de dificuldades, as soluções se tornam mais identificáveis e técnicas, isto certamente ajuda os detalhistas e faz o inferno dos generalistas.

Se a visão é mais abrangente, geralmente é mais superficial, o que também não é ideal para os negócios. Se esta for a sua personalidade tente ir mais fundo para entender e captar o maior número de detalhes possíveis sem se perder neles. Tanto uma visão quanto outra são necessárias para o perfeito entendimento de um empreendimento.

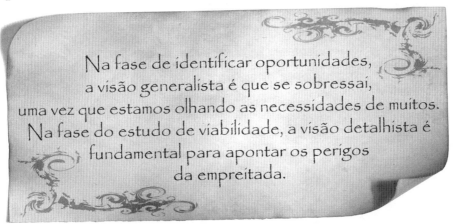

Na fase de identificar oportunidades, a visão generalista é que se sobressai, uma vez que estamos olhando as necessidades de muitos. Na fase do estudo de viabilidade, a visão detalhista é fundamental para apontar os perigos da empreitada.

Na identificação de uma oportunidade o conhecimento pode ser superficial, mas levar adiante a empreitada com a mesma superficialidade de conhecimentos pode ser mortal. Assim não podemos iniciar nada sem antes juntar as informações que seguem:

1. DO NEGÓCIO EM RELAÇÃO AO MERCADO.
2. DO NEGÓCIO EM RELAÇÃO A ELE PRÓPRIO.
3. DO NEGÓCIO EM RELAÇÃO A NÓS MESMOS.

Nesta fase do empreendimento estaremos coletando todas as informações possíveis para evitar ao máximo os imprevistos depois que o negócio for iniciado.

Poderíamos então perguntar:

– quando então saberei o suficiente a respeito de mim mesmo e do negócio que pretendo fazer para iniciar a ação?

A resposta é muito simples:

– é hora de agir quando você se sentir confortável em relação ao seu propósito e conseguir visualizar um caminho a seguir.

"Sobressai-se em resolver as dificuldades
quem as resolve antes que apareçam."
Sun Tzu

Nesse pensamento está a essência do planejamento:

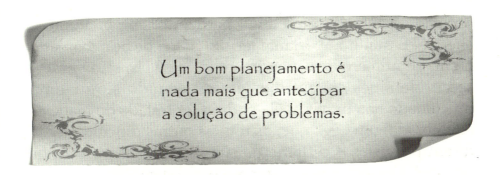

Um bom planejamento é nada mais que antecipar a solução de problemas.

O contrário de um bom planejamento é a constante sensação de emergência!

Se tanto na sua vida, quanto no seu ambiente de negócio, você perceber uma sensação de emergência ou urgência do tipo: "tudo aqui é para ontem", este é o mais claro sinal de falta de planejamento. Os assuntos se misturam, as ações se atrapalham, as tarefas são incompletas e mal executadas e, o resultado é desastroso e estressante.

Respire fundo e lembre-se: "a vida não é uma emergência". Classifique os assuntos, priorize as ações, execute uma tarefa de cada vez, ao menos de tal modo que se você for interrompido, não precise retomar a tarefa desde o início e sim do ponto onde você parou, isso evita que você seja obrigado a refazer o trabalho, perdendo tempo, ânimo e energia. É muito importante ter um plano de ação baseado no maior número de conhecimentos possíveis, sem perder-se em detalhes. Se agirmos assim, quando surgir uma dificuldade não prevista, ela poderá ser tratada de maneira equilibrada, uma vez que, as muitas outras dificuldades já foram previstas e certamente sua solução será a melhor possível. Ou será a menos danosa para o negócio.

Um bom planejamento não garante o sucesso de nenhum empreendimento, mas garante a percepção dos desvios que ajudam a corrigir a rota. Quero lembrar que um plano é feito sempre em função de um cenário, e que hoje os cenários mudam com velocidade dos computadores, assim, corrigir a rota não quer dizer voltar ao cenário original, mas sim levar em conta os novos cenários e corrigir o plano para tirar o melhor proveito da nova situação.

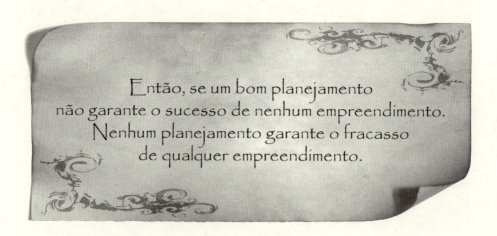

Então, se um bom planejamento não garante o sucesso de nenhum empreendimento. Nenhum planejamento garante o fracasso de qualquer empreendimento.

Capítulo 4

Posições Táticas

Da arte de manobrar tropas

Da quantificação das informações e a transformação das idéias em números ou símbolos calculáveis que irão mostrar a melhor maneira de se posicionar diante delas.

"Conhecer os meios que asseguram a vitória não significa obtê-la."
Sun Tzu

À medida em que vamos juntando dados para o empreendimento que temos em vista, vamos formando uma idéia geral que nos indica como deveríamos proceder para atingir os resultados. É hora de ordenar estes dados de forma que nos forneçam informações precisas. Resta, então, organizar estes dados acumulados para que diante dos problemas que temos de superar e com os recursos que dispomos, saber o que fazer para que o negócio seja um sucesso.

Dispor das informações e organizá-las de maneira compreensível para enxergar o caminho certo a seguir, dimensionar os recursos, são as chaves que abrem a porta onde está o segredo do sucesso.

– Identifique os clientes (mercado) que você quer atingir;

– Veja quanto produto ou serviço estes clientes comprarão ao preço que você imagina oferecer;

– Xeque se o preço que você imagina oferecer é o mesmo que o cliente está disposto a pagar.

Essas estimativas possibilitarão que você obtenha em um primeiro momento uma idéia da sua receita. Esta idéia vai dar a dimensão do negócio que você pretende realizar. Quantificar os meios para obter a receita significa fazer um exercício de números e suposições sobre os aspectos técnicos que formam um negócio. Convém aqui trabalhar com três situações:

– a melhor das hipóteses,

– a hipótese mais provável,

– a pior das hipóteses; é claro que não aquela onde o negócio não exista.

Ou seja, você tem que avaliar e quantificar os pontos:

1. Relativos ao mercado e receita.

2. Relativos ao produto ou serviço.

3. Relativos a matérias-primas.

4. Relativos a equipamentos.

5. Relativos aos recursos.

6. Relativo a você mesmo.

Antes de iniciar seu empreendimento você terá que responder as perguntas abaixo. Através da análise destas respostas poderás ter uma boa noção daquilo que te espera no futuro!

Sobre o mercado:

• Para quem?

• Com que qualidade?

• Por qual preço?

• Como saberão da minha existência?

• Como distribuir?

• Como cobrar?

• Como saber se estão satisfeitos?

Sobre o produto ou serviço:
- O que fazer?
- Onde fazer?
- Com que meios?
- Com qual tecnologia?
- Com que qualidade?
- Em quanto tempo?

Sobre as matérias-primas:
- Quanto preciso?
- Onde obter?
- Qual o custo?
- Qual é a disponibilidade?
- Haverá mão-de-obra?
- Haverá matéria-prima?

Sobre equipamentos e instalações:
- Estão disponíveis?
- Novos ou usados?
- Haverá manutenção?
- Preciso de licenças legais, quais?

Sobre as finanças:
- Quanto é necessário?
- Em que período de tempo?
- Onde vou obter?
- Com que custo?
- Quando o negócio começará a gerar dinheiro?
- O negócio agüenta o custo do dinheiro faltante?

Feito isto, você ainda deve responder as questões relativas a si próprio.

Sobre você mesmo:

- Estou à vontade neste negócio?
- Estou disposto a sacrifícios?
- Sou capaz de enfrentar uma possível derrota?
- Tenho o apoio dos meus?

Conhecida então a receita, você estará em condições de calcular o valor dos outros componentes do negócio, tais como: máquinas, pessoas, matérias-primas, localização, comunicação, e todo o resto que o compõe, assim você já pode determinar o valor do investimento necessário e pensar de onde obter os recursos. Não esqueça de verificar em que período de tempo a receita se tornará real, daí você poderá calcular o investimento total para o seu negócio poder andar.

Feito isto você já terá conseguido quantificar o seu investimento, assim vamos voltar ao nosso general.

> *"Um exército vitorioso ganha antes*
> *de ter deflagrado a batalha;*
> *Um exército fadado à derrota combate*
> *na esperança de ganhar."*
> Sun Tzu

Poderíamos fazer muitas perguntas mais sobre o negócio que será foco desta tomada de posição, mas a reflexão sobre estas questões e muitas outras que certamente você se fará lhe darão a rota certa e o verdadeiro caminho, pois:

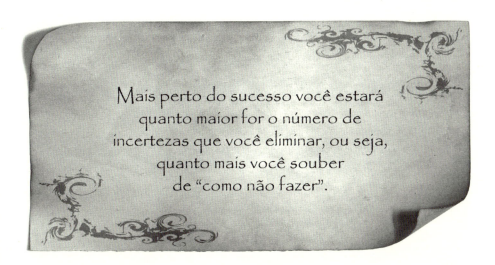

Mais perto do sucesso você estará quanto maior for o número de incertezas que você eliminar, ou seja, quanto mais você souber de "como não fazer".

Ou seja, uma vez eliminados os graves erros que normalmente são cometidos pelas mais diversas razões, qualquer desvio menor poderá ser facilmente corrigido e a vitória estará mais próxima.

À medida que for respondendo e ordenando estas questões, irão surgindo diante de seus olhos as posições onde você está forte e onde está fraco. Não hesite em reconhecer suas fraquezas e uma vez identificadas busque a forma de transformá-las em pontos fortes ou pelo menos minimizá-las. Quando em sua avaliação houver um número de pontos fortes suficientes para "deflagrar a batalha" é hora de agir.

"A invencibilidade está na defesa;
a possibilidade de vitória, no ataque...
A arte de manter-se na defensiva
não iguala a de combater com sucesso."
Sun Tzu

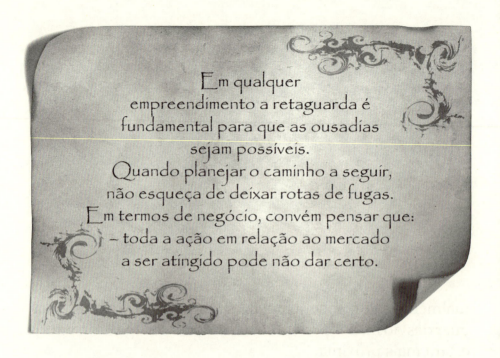

Em qualquer empreendimento a retaguarda é fundamental para que as ousadias sejam possíveis.
Quando planejar o caminho a seguir, não esqueça de deixar rotas de fugas.
Em termos de negócio, convém pensar que:
— toda a ação em relação ao mercado a ser atingido pode não dar certo.

Caso não dê certo, o que fazer?

Em novos empreendimentos ou produtos, mantenha parte dos seus recursos a salvo para que você possa fazer uma nova investida caso a anterior não tiver dado resultado. Esta é uma posição invencível, pois lhe permitirá tentar de novo, e de novo, e de novo..., a não ser que você esteja gastando recursos de terceiros.

Essa observação final pode parecer irônica, mas não é este o sentido. Muitos executivos são extremamente corajosos na tomada de decisões com recursos da empresa, pois se não der certo o máximo que perdem é o emprego, isto ainda quando não transferem a culpa do fracasso para outros, ou escalões inferiores. Ainda assim, qualquer vitória que seja obtida eles capitalizam para si mesmo como se fosse a mais árdua das tarefas por ele executada com as próprias mãos.

Por isso, dentro do seu negócio em fase de consolidação ou já consolidado, cuidado com idéias excessivamente ousadas vindas dos seus colaboradores, convém checar muito bem o fundamento das mesmas antes de implementá-las.

*"O homem comum não compreende que
uma vitória seja obtida antes que a situação se cristalize."*
Sun Tzu

Uma boa posição tática em relação a um empreendimento é criar uma situação, onde, em caso de insucesso você saia empatado ou seja, o prejuízo nunca ultrapasse o investimento, ou pelo menos tenha dimensões definidas.

Lembre-se que sua capacidade de ganhar é ilimitada, mas a de perder é definida pelos recursos que você dispõe. Se conseguir trabalhar com a situação de empate, parabéns, você certamente será vitorioso. Caso não consiga, opte então pela menor perda em caso de insucesso. Normalmente a menor perda é a liquidação do problema no menor tempo possível.

Não se trata de desistir aos primeiros sinais de dificuldade, mas de perceber quando uma idéia ou negócio não tem perspectivas reais. É um exercício que muitos empreendedores não gostam, pois se trata de saber separar:

- *aquilo que eu gostaria que fosse,*
  - *da possibilidade real ou aquilo que realmente é fato.*

Em situações como esta, volto a citar a sabedoria popular:

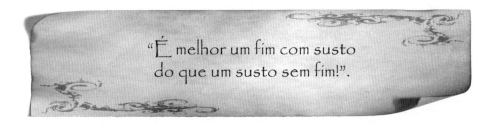

"É melhor um fim com susto do que um susto sem fim!".

Reconhecer uma perda causada por nossas decisões já é difícil, imagine assumi-la. É talvez a mais difícil das posições táticas em negócios.

Embora seja difícil, o quanto antes este reconhecimento for feito, mais cedo sua mente se libertará deste peso que toma seu tempo, limita sua criatividade, mina suas forças e tira seu sono. Assim como fazemos com os mortos, enterre o defunto chamado perda e siga em frente. É claro que convém capitalizar este conhecimento e entender, o porquê não deu certo, para não cometer o mesmo erro outra vez. Mas, repito, com certeza o quanto antes você eliminar de sua mente este assunto, estará livre para ocupar-se de coisas mais produtivas.

Muitas vezes nossa razão fica cegada por nossos desejos e não permite que tenhamos uma percepção consciente da realidade tal como ela é, nos força a vê-la como gostaríamos, a fim de satisfazer nossos desejos.

Por mais difícil que seja, vale a pena manter claro em sua mente que:

- **aquilo que você quer.**

> - *pode ser diferente daquilo que é possível.*

Todos nós gostaríamos que a realidade se encaixasse em nossos sonhos para torná-los o fruto de nossas realizações. A verdade é que nossos sonhos têm que se encaixar na realidade, se pretendemos que eles se tornem verdadeiros. E por falar em sonhos não custa reforçar a idéia que eles estão sempre presentes em nossa vida, pois:

Um plano sem ação é um sonho
Uma ação sem plano é irresponsabilidade
Uma ação planejada garante que
sabemos onde queremos chegar.

Capítulo 5

Recursos de Conhecimento

Do confronto direto e indireto

Dos aspectos pessoais do comprometimento do empreendedor e das pessoas que farão parte do negócio.

Da motivação das pessoas em relação ao negócio. Das fases de consolidação do mesmo.

"O guerreiro inteligente procura o efeito da energia combinada e não exige muito dos indivíduos, leva em conta o talento de cada um e utiliza cada homem de acordo com sua capacidade. Não exige perfeição dos sem talentos."
Sun Tzu

Identificar dentro de si a própria competência é o sinal que você está no caminho certo, pois uma vez reconhecida a competência própria, ela será a luz que irá nortear o caminho do empreendedor e mantê-lo no rumo certo, pois ninguém faz direito aquilo que não sabe.

Se você não é capaz de reconhecer seus talentos, como então poderá identificá-los nos outros?

Você pode nunca ter pensado em identificar o que realmente sabe fazer. Esta é uma boa oportunidade de refletir sobre isso. Pense nas realizações que você efetivamente fez e não nos sonhos que gostaria de ter feito. Esta é uma reflexão maior, pois ela te dará a luz nos momentos de decisão difícil, será o indicativo se você pode ou não tomar a decisão sozinho ou precisa da ajuda de alguém. Somente conhecendo sua competência você será capaz de identificar a diferença entre saber e presumir.

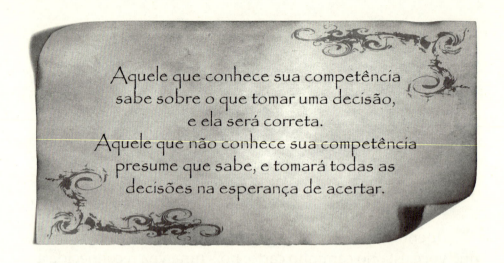

Aquele que conhece sua competência sabe sobre o que tomar uma decisão, e ela será correta.
Aquele que não conhece sua competência presume que sabe, e tomará todas as decisões na esperança de acertar.

Um empreendimento deve utilizar o máximo do talento combinado de todos os envolvidos. Do mais humilde ao mais genial dos participantes do grupo, não se deve exigir algo que seja superior às suas capacidades de compreensão e discernimento.

A identificação dos talentos individuais das pessoas envolvidas no projeto é muito importante mas, além disso, é necessário que estes talentos estejam comprometidos com o sucesso do empreendimento. Por isso além de identificar esses talentos é necessário motivá-los para obter o resultado que só é possível dentro dessas condições.

A consciência das pessoas individualmente de estar contribuindo, e sentirem-se fazendo parte de algo é extremamente motivador, pois o ser humano é um animal social, logo este "pertencer" a algo, um projeto, um negócio, uma tarefa, tem o componente social que engrandece o indivíduo como ser humano diante dele mesmo e do seu grupo social e fornece o componente motivador. Caso isto não ocorra temos alguns pontos a serem levantados:

– Como é possível haver o comprometimento de alguém se esta pessoa não compreende o alcance nem a importância da tarefa que ela executará?

Haverá como resposta a execução mecânica da tarefa sem se importar com o resultado a ser alcançado.

– O que motivaria alguém a fazer algo sem compreender a ligação de dependência que existe entre todas as tarefas necessárias ao empreendimento?

O dinheiro certamente motivaria por algum, ou até por muito tempo, mas se for somente por isso não haverá nenhuma contribuição adicional do talento daquele indivíduo.

Compreendido este aspecto que é, engajar e comprometer os participantes até o fundo do coração no empreendimento fica fácil tirar uma conclusão:

só é possível extrair todo o potencial da energia que o talento de cada um gera, com o total comprometimento!

Então qual é a mágica para que isto aconteça?

A mágica é:

Fazer com que cada um compreenda seu papel para criar a motivação, que gera o Comprometimento que gera a Sinergia que produz Resultados extraordinários, ou seja, além do normal.

Transpondo isto para o nosso empreendimento, significa que: a utilização adequada das habilidades dos indivíduos envolvidos no empreendimento permite a realização individual de cada um deles com a utilização dos seus talentos, e nessas realizações somadas, estará o efeito sinérgico que contribuirá para o sucesso do empreendimento. Este efeito fará com que as realizações do grupo sejam maiores que a soma das realizações individuais, logo seu resultado superará as expectativas.

A motivação virá da clara definição de responsabilidades levando em conta as habilidades de cada um. Pois todo o ser humano se sente feliz em realizar tarefas dentro de suas competências e até aceitar desafios um pouco além delas, uma vez que se sinta incluído em algo, participando e contribuindo em um processo que produz resultados.

"Para garantir que toda a sua tropa possa agüentar
o ímpeto do ataque inimigo e permanecer firme,
faça manobras diretas e indiretas.
Em todo o combate, o método direto pode ser usado
para coordenar a batalha, mas os indiretos serão necessários
para garantir a vitória."
Sun Tzu

Dentro de uma empresa também podemos identificar duas forças:

– as forças que aparecem para o mercado representando a empresa, Vendas.

– as forças que sustentam aquelas que aparecem para o mercado, a retaguarda a Infra-estrutura.

Para que o sucesso seja alcançado, as promessas feitas em nome da empresa devem sempre ser cumpridas.

É fundamental que aquilo que for prometido pela linha de frente, vendas, seja factível e executável pela linha de retaguarda, suporte, administração, produção, logística etc...

O sucesso estará garantido no momento em que as linhas de retaguarda alimentarem as linhas de frente, ou seja, aquilo que for prometido esteja efetivamente sendo executado. Isto só é possível com o grupo comprometido.

O comprometimento que vem da clareza com que cada um compreendeu seu papel na ação que será executada, traz como resultado a consciência da importância do papel de cada indivíduo dentro do conjunto ou do grupo.

Fazer com que esta compreensão do papel de cada um no grupo seja realmente clara, é o papel do líder, pois caso isso não ocorra ele será o responsável pelo fracasso do grupo que certamente virá.

Do comprometimento de todos os envolvidos nascerá a energia que permitirá o sucesso no momento do ataque ao mercado.

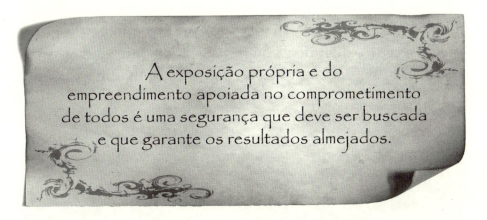

A exposição própria e do empreendimento apoiada no comprometimento de todos é uma segurança que deve ser buscada e que garante os resultados almejados.

O homem de ataque, ou seja, de vendas, aquele que está na linha de frente, precisa acreditar naquilo que ele está prometendo. Nessa crença, ele transmite a confiança ao seu interlocutor, comprador ou mercado, o que fará o negócio ser concretizado.

É fato que ninguém compra algo em que não confia e ninguém vende algo que não compraria, logo a certeza do produto e da retaguarda é fundamental para transmitir a confiança que levará ao sucesso.

*"Possuem verdadeiramente a arte de bem comandar
aqueles que souberem e sabem potencializar sua força,
que adquiriram uma autoridade ilimitada,
que não se deixam abater por nenhum acontecimento,
por mais desagradável que seja;
que nunca agem com precipitação; que se conduzem,
mesmo quando surpreendidos, com o sangue frio que
têm habitualmente nas ações meditadas
e nos casos previstos antecipadamente,
e agem sempre com rapidez, fruto da habilidade,
aliada a uma longa experiência."*
Sun Tzu

No início de qualquer negócio o empreendedor é seguramente o centro de tudo e não raras vezes o único membro do empreendimento. Nem há como ser diferente uma vez que:

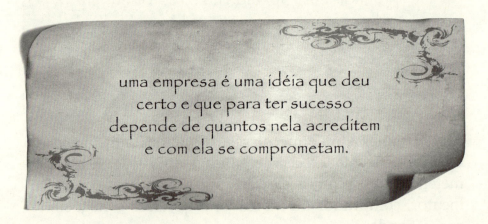

uma empresa é uma idéia que deu certo e que para ter sucesso depende de quantos nela acreditem e com ela se comprometam.

Os fatores decisivos de qualquer empreendimento são as pessoas que nele acreditam, e mais ainda:

– Em um primeiro momento acreditam no empreendedor.

– Depois, na medida em que o empreendimento cresce, passam a acreditar na idéia e no negócio.

Assim a verdadeira motivação ou fator de sucesso virá da capacidade que o empreendedor tiver em tornar transparente sua intenção, e da compreensão que os demais envolvidos tiverem dos objetivos e seu papel dentro do projeto. É muito importante que o empreendedor saiba se fazer entender perfeitamente por seus colaboradores, quer sejam subordinados, quer sejam iguais. Desta forma ele poderá receber como contribuição adicional do seu pessoal indicativos de correção de rota, conforme veremos abaixo:

Se as idéias estiverem confusas e o pessoal desmotivado,

– o fracasso e só questão de tempo.

Se as idéias estiverem claras e o pessoal desmotivado,

– a situação é sustentável apenas em curto prazo, entretanto, é possível enxergar os desvios de rota e corrigi-los criando situações motivadoras.

Se as idéias estiverem confusas, mesmo com o pessoal motivado,

– a situação é sustentável apenas em curto prazo, contudo se houver por parte do pessoal, cobrança de clareza das idéias o rumo poderá ser corrigido.

Se as idéias estiverem bem claras e o pessoal estiver motivado,

– não há com o que se preocupar. Basta segurar firme o leme e manter o barco neste rumo, os resultados não tardarão a aparecer.

Vamos demonstrar graficamente os momentos importantes da existência de um empreendimento, onde cada um dos componentes tem seu momento de maior ou menor importância. Vejamos então os momentos:

– do empreendedor,
– da idéia,
– dos colaboradores,
– do empreendimento.

Criando o empreendimento é: *o momento do empreendedor*.

O foco do negócio no início do empreendimento é o próprio empreendedor, pois é impossível neste momento dissociar a idéia de quem a teve. É claro que estamos imaginando um negócio de sucesso.

Podemos enxergar o empreendimento:
– metade empreendedor e metade idéia.

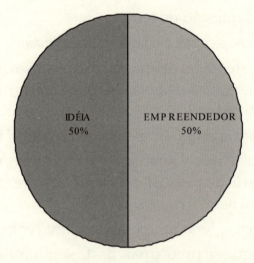

Fazendo o empreendimento tomar forma é: o *momento da idéia*.

Se o empreendedor fortalecer a idéia, o negócio progredirá e se tornará um negócio auto-sustentável, pois passará a independer dele, assim as idéias desse empreendedor permanecerão como patrimônio do negócio para sempre.

Quando o negócio permanece focado na figura do seu criador, podemos contar com duas possibilidades:

Primeira

O negócio morre com o empreendedor uma vez que ele centralizou tudo e ninguém sabe os segredos do negócio, portanto sua continuidade fica comprometida com o desaparecimento do mesmo.

Segunda

Assume um sucessor que forçosamente porá o negócio em risco, uma vez que terá que percorrer todos os percalços de um negócio novo. Se vai dar certo ou não, depende de todas as variáveis que discorremos neste livro. Deve-se portanto evitar que a idéia fique aprisionada dentro do empreendedor, é a fase de transmiti-la junto com a cultura do negócio para os colaboradores. Neste momento a idéia é o foco mais importante.

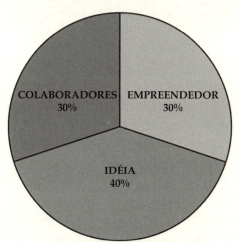

Fazendo o empreendimento crescer e consolidar-se é: o *momento dos colaboradores*.

À medida em que o negócio se torne auto-sustentável ele se torna menos dependente do empreendedor.
– Neste momento é aconselhável que o enfoque seja para fortalecer a idéia e, através de treinamento sejam preparadas outras pessoas para encampá-la. Assim a figura do empreendedor fica cada vez menor e fortalece a idéia, então é o momento de comprometer os colaboradores. Uma vez que a idéia já é aceita por todos, a profissionalização e motivação dos colaboradores preparam a fase de consolidação do negócio.

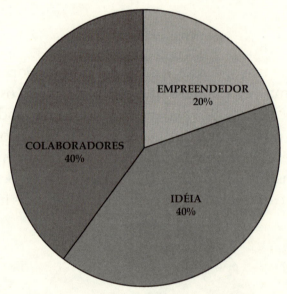

Consolidado o empreendimento e dominado o terreno é: o *momento do empreendimento*.

Nesta fase a idéia está consolidada e permeia todos os níveis do que agora é uma organização, onde as pessoas que nela acreditam contribuem para seu o permanente aperfeiçoamento. Assim estarão garantindo o negócio e a si mesmos. Vou repetir um pensamento no qual baseio todo o sucesso de qualquer empreendimento vitorioso:

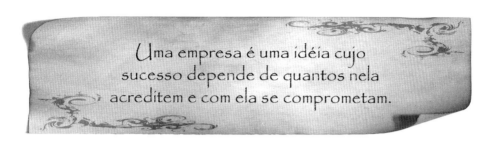

Uma empresa é uma idéia cujo sucesso depende de quantos nela acreditem e com ela se comprometam.

Assim quando o empreendedor deixar de existir, a empresa sobreviverá sem ele, que será citado como sendo uma instituição, mantendo apenas sua presença na cultura da empresa.

Este é o momento dos profissionais, onde as decisões serão tomadas com base nas metas estipuladas e os resultados tornarão o negócio permanente.

Se os passos certos forem dados e os ciclos forem fechados, quando chegar o momento do empreendedor se ausentar definitivamente, o empreendimento sobreviverá, pois haverão pessoas comprometidas e com a compreensão do que deve ser feito.

Capítulo 6

A Busca do Emergente

Do vazio e do cheio

Da concentração dos esforços no negócio.
Da abertura da mente para suas variáveis.

"Reforçar-se por todos os lados significa enfraquecer-se por todos os lados."
Sun Tzu

Um empreendedor que busca o sucesso deve ter sempre presente as perguntas abaixo, elas permitem enxergar o rumo a ser seguido e manter o empreendimento na direção certa:

Qual é minha competência?

Em que realmente eu sou bom?

Qual a minha competência somada a do meu grupo? Ou seja qual é a nossa competência?

Para responder estas perguntas, convém lembrar-se que ninguém é bom em tudo, salvo os gênios, todavia, por mais que você seja tentado a se incluir entre eles é bom desconfiar que você não é um deles. Assim sendo é fundamental descobrir em que você e o seu grupo são realmente bons.

Uma vez descoberta a competência dos envolvidos no projeto, fica mais claro enxergar a linha de ação e traçar os planos para atingir as metas buscadas. Quando chegar a hora da ação, o comprometimento com o objetivo, deve ser total.

Muita energia se perde quando as forças se dispersam.

Aqui eu me lembro do seguinte dito popular: "não ponha todos os ovos na mesma cesta" este adágio vale para situações de investimento consolidadas e não para situações de empreendimento de risco total. Nestas situações a dispersão de força ou energia com ações em todas as direções, do tipo "atirar para todos os lados" leva na realidade ao enfraquecimento em todos os lados e ao insucesso em todos os empreendimentos. O leitor não deve entender que eu queira dizer que não se deve ter mais do que uma frente de negócio, o que eu quero insistir, é que quando os recursos são limitados, convém então concentrá-los em um negócio bem estudado, porque as chances de sucesso serão maiores. Somente quando os recursos são mais folgados, podemos nos dar ao luxo de testar algumas novidades, sem comprometer o foco do negócio principal. Nesta situação os ovos podem e até devem ser divididos em mais do que uma cesta.

O mercado tem "bilhões" de oportunidades, que podem ser identificadas a todo o instante, porém o empreendedor vitorioso buscará a sua entre todas as outras, segundo sua capacidade e competência, e nela, quando chegar o momento, focará toda a sua energia.

Este processo de selecionar as oportunidades é quase natural, poder-se-ia dizer que é intuitivo, ele situa-se normalmente dentro das coisas que você conhece ou pelo menos, muito perto delas.

- **Cuidado com as atitudes que o levam a interessar-se ou dispender energia por atividades que você não domina e tiram o foco do que você está fazendo e que soa mais ou menos assim:**

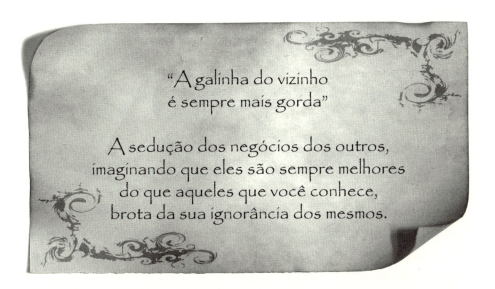

"A galinha do vizinho
é sempre mais gorda"

A sedução dos negócios dos outros,
imaginando que eles são sempre melhores
do que aqueles que você conhece,
brota da sua ignorância dos mesmos.

Daí porque muitas vezes nos dispersamos e perdemos energia imaginando que este ou aquele negócio é melhor do que aquele que você conhece ou está fazendo.

Convém lembrar que:

Ninguém fará direito aquilo que não sabe.

É inegável a capacidade do homem de aprender o que nele desperta interesse, ou que venha a ser para ele uma necessidade. A necessidade é o maior motivador de todos os esforços dos quais o homem é capaz. Contudo, isto não deveria nos seduzir para os negócios desconhecidos, salvo se houver uma forte razão ou indício de uma oportunidade. Atirar o tempo todo para todos os lados não levará a nada, a não ser um permanente desgaste sem resultado produtivo.

"Aquele que tem a habilidade de variar as próprias posições de acordo com as táticas do inimigo para conquistar a vitória tornar-se-á inescrutável como os desígnios do céu."

Sun Tzu

Manter o foco no seu empreendimento ou idéia, e estar permanentemente atento às idéias e oportunidades que possam agregar valor de alguma forma ao seu empreendimento, é uma atitude vitoriosa. Perder o foco no negócio pela sedução de uma nova idéia pode tornar-se um erro irreparável que somente será percebido mais para frente quando as perdas começarem a aparecer.

Dentro do seu negócio, estar atualizado com o que está acontecendo e antecipar o futuro é vital para que ele se perpetue.

Mas isto só não basta, é necessário ir mais longe e estar atento permanentemente para algumas premissas que garantem a continuidade do mesmo, veja que premissas ou posições são estas:

Aperfeiçoar sempre seu produto ou serviço.
Mudá-los antes que o mercado o peça, pois, certamente se você não o fizer alguém fará!
Manter o velho e sugerir o novo, pois, o velho lhe dará a sustentação presente, e o novo lhe dará a vitória futura.

Ainda que essa tarefa não seja das mais fáceis, o empreendedor deve estar atento aos sinais do mercado, interpretando as suas necessidades não ditas e compreendendo seus desejos ocultos.

Não existe um manual que vá lhe dizer como manter um empreendimento de sucesso, mas a busca permanente do conhecimento que rodeia o seu negócio, onde ele influencia, e de onde ele é influenciado, certamente lhe dará uma vantagem sobre os outros.

Visitar feiras, participar de congressos, palestras, leitura de publicações especializadas, ouvir o sinal dos tempos... Tudo isto é necessário para consolidar sua posição e mantê-lo no jogo.

O conhecimento não vai lhe dizer o que fazer, mas certamente vai evitar que você cometa erros indicando o que não fazer.

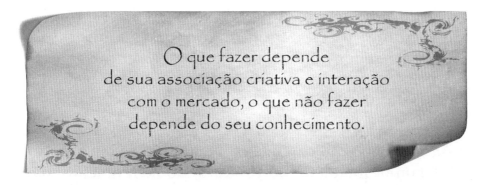

O que fazer depende de sua associação criativa e interação com o mercado, o que não fazer depende do seu conhecimento.

Neste ponto associamos o conhecimento aos esforços e movimentos de defesa, e a criatividade e ousadia aos esforços e movimentos de ataque. Assim, pelo mais simples exercício de lógica, quanto melhor for sua defesa (conhecimento) menos vulnerável você estará para os ataques contra a sua organização, tanto externos, quanto internos.

- *Ataques externos:* são aqueles vindos dos concorrentes e do mercado. Estes ataques são conhecidos e contra eles as defesas são as práticas comerciais que são tratadas neste livro e em tantos outros também. Além disso, são também todos os agentes que pressionam o seu negócio de fora para dentro. No caso do Brasil o governo é um dos piores deles. Em momento algum você deverá esperar do Estado uma atitude de apoio ou ajuda, o mais provável é uma atitude de rapinagem sobre o seu negócio. Muito cuidado para não confundir o discurso dos agentes do Estado com as ações. No discurso são os melhores do mundo, mas é por aí que param. Essa prática já vem de longe, desde o tempo do Brasil colônia onde o imperador beneficiava somente os "amigos do rei". A única coisa que mudou neste sentido, foi que, agora se denominam políticos e funcionários públicos dos mais altos escalões.

  Poderia escrever um tratado sobre o assunto – como o Estado atua aumentando cada vez mais a autoproteção e prejudica o setor produtivo onde está inserido o empreendedor – mas, somente quero chamar a atenção do leitor para não cair no conto do vigário e acreditar neste discurso.

- *Ataques internos:* são os que vêm de dentro do seu negócio. Afetam a qualidade do produto, do atendimento, das comunicações, das relações entre os colaboradores e entre sua empresa e o mercado. Estes ataques são mais difíceis de perceber, pois eles não são declarados, são pequenos atos diários que isoladamente não aparentam importância, mas seus efeitos para a empresa são mortais.

  Alguns deles apresentam sinais que podem ser facilmente identificados, aqui tratamos de pessoas isoladamente ou de grupos que apresentam alguns desses sintomas:

– a auto-exclusão

As pessoas que se referem à organização e não usam a 1ª pessoa do plural (nós) normalmente falam assim:

Esta empresa...

Aquele pessoal...

Ou seja, a mensagem que esta pessoa passa é que, estou *me excluindo* do grupo e da organização, *não estou me incluindo no grupo e na organização, estou de passagem, não estou comprometido,* esta é a verdadeira mensagem que está sendo passada através desse comportamento.

O correto seria:

Nossa empresa... Nosso pessoal... Vamos ver como corrigir isto... Por que nós permitimos que isto viesse a acontecer etc...

Assim se comportam pessoas que trabalham para o time.

– o estrelismo

É outro sintoma perigoso que pode ser detectado pelos seguintes comentários:

Só eu sei tudo.

Só eu carrego a empresa nas costas.

Ninguém aqui é capaz de fazer nada direito.

Qualquer dia eu vou deixar a peteca cair e vocês vão ver o que é bom!

Enquanto que o correto seria ...*Como posso ajudar a melhorar esta situação...Quem sabe dividindo melhor estas tarefas o resultado melhore...Temos que melhorar as comunicações para evitar falhas...etc...*

– o carreirismo

Estes indivíduos têm uma característica muito curiosa, estão sempre alinhados com a idéia da moda, e são os primeiros a abandoná-la quando uma nova idéia entrar na moda.

Nunca têm idéias próprias, pois nunca se expõem. São tipos politicamente corretos, de bem com todo mundo e atualizadíssimos sobre as fofocas, servis para com seus superiores e sempre fazendo a maior propaganda de si e de qualquer coisa que tenha executado.

Tanto a exclusão, o estrelismo e o carreirismo são vícios que minam o ambiente interno, criam fofocas, poderes paralelos e transmitem a sensação de incompetência da organização como um todo. Enfraquecem o poder que a organização tem de defender-se, pois fica para todos a sensação de que: de nada adianta eu fazer as coisas direito e com dedicação que sempre alguém irá brilhar no meu lugar quando der certo, e quando der errado todos estarão criticando, portanto é melhor deixar como está.

Assim os bons, os comprometidos, aqueles que têm idéias e que estão dispostos a correr riscos e se expor diante do grupo, tornam-se passivos aos problemas internos até que seja tarde demais.

É a definição clara da responsabilidade de cada um, por suas tarefas, conhecidas por ele próprio e pelos outros, dentro da organização, que permitirá que sejam exercidos os controles, tanto de resultados como de comportamento, e assim, a defesa será sólida, pois os desvios serão facilmente percebidos, na medida que for possível identificar de onde estão partindo as deficiências.

Uma vez garantida a defesa, convém atacar, exercer a criatividade e ousar. Se não der certo, basta contabilizar as perdas e voltar às trincheiras que serão um porto seguro, onde será preparada a próxima estratégia de ataque.

Você, que já tem um negócio ou uma idéia, tente agregar a ele todas as variações possíveis de negócio que apresentem possibilidade de sinergia. Estude com atenção as variações possíveis do seu negócio, sem perder o foco.

Exemplificando este pensamento:

Se você pensa em uma loja de tintas para casa, você não está só no negócio de tintas, mas também no negócio de material de construção.

Se você pensa em uma pastelaria, você não está só no negócio de pastéis e sim no negócio de alimentação.

Se você pensa em um negócio de canetas, você deve estar aberto para o negócio de material de escritório.

A abrangência de um negócio dependerá muito da fase que ele se encontra do ponto de vista da consolidação do mesmo.

Isto significa que:

*No início focamos nichos de mercado.

*Na fase de crescimento, agregamos variantes do negócio ou de negócios.

*Na fase de consolidação eliminamos variantes não rentáveis e elegemos as variantes que agregam valor e benefício ao negócio.

Tão importante quanto saber o que fazer em cada fase do negócio é identificar corretamente em que fase seu negócio se encontra.

Capítulo 7

Concentrando e Harmonizando Recursos

Da arte do confronto

Dos aspectos de tributação, ou seja, a cautela necessária nos países como o Brasil, que insistem em punir fiscalmente os empresários bem sucedidos e penalizar o profissional talentoso.

Discutiremos ainda a harmonização dos meios nos quais estará inserido o empreendimento.

"conhece perfeitamente o meio que te cerca"
Sun Tzu

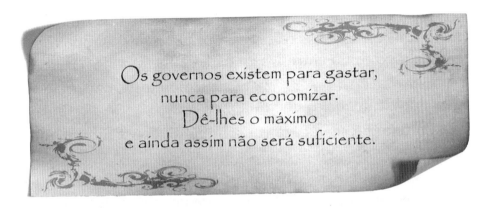

Os governos existem para gastar, nunca para economizar. Dê-lhes o máximo e ainda assim não será suficiente.

Conhecer o meio que te cerca em relação aos achaques de impostos que você sofrerá, será fundamental para calcular a rentabilidade do seu empreendimento. No Brasil o grande inimigo é o Estado, que com seus tentáculos espreita seus movimentos, ansioso por meter a mão no seu bolso para pegar o dinheiro que ainda não entrou.

Em países, como o Brasil, onde o Estado é representado por políticos profissionais e funcionários públicos de alto escalão que buscam sempre o aumento de suas vantagens pessoais, independente da situação sócio-econômica do país e da população em geral. Estes mesmos buscam sempre novas fontes de recursos através de novos impostos, e um sem-número de formas de obter esse dinheiro, o empresário nunca sabe qual nova rapinagem incidirá sobre seu negócio. Então, convém seguir uma regra básica:

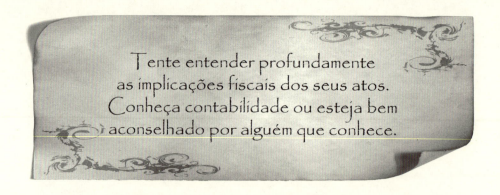

Tente entender profundamente as implicações fiscais dos seus atos. Conheça contabilidade ou esteja bem aconselhado por alguém que conhece.

É claro que se você nada tem a perder diante do fisco, você pode correr todos os riscos, pois na pior das hipóteses sairá do jogo como entrou, sem nada.

Este raciocínio serve para negócios informais, não é deste tipo de negócios que tratamos aqui.

Entretanto, se você já consolidou ou conseguiu algum patrimônio, você já tem algo a perder.

Você pode tornar seu negócio viável utilizando conhecimentos das leis a seu favor ou então, pode perder tudo o que ganhou na vida, diante de situações onde fiscalmente ficou vulnerável.

Se acontecer de fiscais acusarem sua empresa de qualquer irregularidade (ainda que involuntária), você será abordado com um comportamento clássico. Vou tentar colocar este comportamento em forma de história. É claro que se trata de pura ficção, qualquer semelhança com a realidade é mera coincidência.

Personagens Envolvidos:

- As leis
- A empresa
- Os fiscais (sempre agem em duplas: o bonzinho e o mauzinho)
- A irregularidade

Durante qualquer processo de fiscalização na sua empresa, poderão ser detectadas irregularidades, e no Brasil normalmente o são devido ao sistema legal que só fortalece o Estado, devido a complexidade da legislação que nunca é comprometido com o cidadão. Pode até acontecer que mesmo não existindo nada de irregular, os ditos fiscais inventem algo para poder seguir com o processo.

Uma vez localizado algo, ou estabelecido algum clima de tensão, você sentirá que em nenhum momento, haverá a predisposição para compreender a razão que originou a irregularidade, tampouco um possível encaminhamento futuro para que o mesmo ato não se repita. Este comportamento seria aceitável à medida que houvesse um real interesse do Estado na perpetuação dos interesses sociais, que são beneficiados pela criação e geração de empregos e riquezas que somente podem ser feitos pelas empresas. Mas na verdade esta lógica está somente nos discursos dos políticos, a realidade é bem diferente.

Nesta altura o circo estará montado para iniciar o processo que tem quatro fases: Intimidação, Indução, Comprometimento e Decisão.

Intimidação:

O fiscal mauzinho, vestindo uma capa de dignidade e legalidade do tipo durão, incorruptível, lhe dirá como você infringiu a lei, e recitará todo um rosário de culpas e penas, as quais você será submetido, incluindo aí colocações de ações por parte da fiscalização, que poderão levá-lo até à prisão. Esta fase implica em pedir um sem-número de documentos em prazos tão curtos que atrapalham o andamento de sua empresa e criam um clima de terror nos seus funcionários. Isto pode durar o tempo necessário, pois eles não têm tempo determinado para concluir uma ação fiscal, e quando tem sempre encontram uma forma de postergá-la. Após este período extremamente desgastante estará completa a fase da intimidação.

Indução:

Em algum momento, o fiscal bonzinho, que fará o papel de seu amigo, tipo paizão, perguntará:

– você por acaso teria alguma idéia, que possa fazer com que eu acalme o colega mauzinho, para que todos saiam ganhando e o problema que VOCÊ criou seja resolvido.

Note que dentro desta colocação qualquer idéia de acerto sempre partirá de você ou de sua empresa. Eles sabem muito bem, a pressão e o constrangimento que foram criados dentro da sua empresa com os procedimentos que foram executados e as frases soltas, induzindo seus funcionários a acreditarem na existência de possíveis irregularidades. Ora, você não vê a hora destes indivíduos desaparecerem da sua vida para você poder continuar a trabalhar em paz.

Comprometimento:

Diante da possibilidade de uma "saída honrosa", você tentará oferecer compensações para que o caso não vá adiante. Lembre-se que eles estão calejados e sabem muito bem que para você se defender terá que contratar um advogado que lhe cobrará 20% sobre o valor da multa aplicada, por mais absurda que seja. Por outro lado o Estado nada perde quando perde uma causa. Assim estará estabelecido uma situação que você fica sem saída, ou paga um advogado ou faz um acerto com os mesmos. Diante desta situação a proposta sempre partirá de você, portanto você é o agente corruptor e quem estará se comprometendo.

Decisão:

Com muito "constrangimento", o fiscal bonzinho, irá falar com o colega mauzinho, para tentar convencê-lo da sua proposta. Se for conveniente para ambos, ela será aceita. Se não for, você suará um pouco com o silêncio deles, e durante algum tempo, os procedimentos de fiscalização continuarão. Naquelas repartições, onde os procedimentos não têm prazos definidos para serem executados, eles podem durar meses ou anos, ou ainda, até você ter um infarto. Não esqueça que o Estado sempre tem dinheiro para pagar seus funcionários, independente de trabalharem ou não, portanto o tempo sempre conta a favor deles.

Caso exista a possibilidade de se chegar a uma proposta conveniente a eles, o negócio será fechado. Neste caso, você receberá toda a orientação para resolver o caso ou seja, você entrou no esquema. Ainda assim eles pedirão para fazer uma multa pequena, combinando para você não recorrer, desta forma, estará caracterizado a execução do trabalho por parte deles e a sua confissão de culpa.

Caso a possibilidade do acerto não exista, você sofrerá todas as punições legais, e conhecerá o verdadeiro lado da máquina de arrecadar que é o Estado.

Este é o comportamento clássico dos agentes coletores do Estado, é claro que existem exceções, pois a maioria deles certamente é constituída de agentes honestos, mas se você for surpreendido nessa situação lembre-se desta minha triste e fictícia história...

Ao contrário do Brasil, no mundo consolida-se a idéia que, cobrar impostos de um maior número de pessoas com alíquotas mais baixas, certamente torna essa equação mais justa, e ninguém se recusa a pagar.

Os Estados Unidos da América do Norte, já tiveram quatorze alíquotas de imposto. Hoje têm três e caminham para uma. No Brasil temos algo perto de cinqüenta tipos de impostos e seguimos criando mais.

Nossos governantes e políticos de uma maneira geral têm o dom do emburrecimento coletivo, para isto basta chegarem ao poder. Em qualquer organização, mesmo no orçamento familiar, você tem que equilibrar seus gastos, ou seja, o que entra tem que ser igual ou maior ao que sai. No caso do orçamento do governo é assim:

O que vai se gastar é definido pelo desejo dos sábios burocratas e políticos. Se o que entra não é suficiente, é muito fácil:

– ou aumentamos os impostos,

– ou pedimos emprestado e transferimos o mico para o futuro.

É medianamente claro que qualquer das duas formas aumentarão os custos futuros, ou empobrecendo a sociedade ou aumentado os futuros orçamentos com os juros dos empréstimos.

Ninguém admite entregar ao fisco metade do que ganha. Para evitar isto, as pessoas ou organizações, usarão de todo e qualquer artifício, seja por meio de engenharia fiscal ou simples sonegação. Se prestarmos atenção na história, veremos que grande parte das revoluções teve seu pavio aceso, exatamente nos desmandos e abusos dos governantes e arrecadadores.

Qualquer que venha a ser o seu caso tenha em mente que é recomendável manter sua reserva no mesmo nível do risco que você assumir diante do fisco. Isso, lhe dará tempo de buscar a melhor forma de encontrar uma saída, quando chegar a hora. Existe uma expressão cujo autor eu não sei quem é, mas tornou-se parte da sabedoria popular: "existem somente duas certezas na vida, os impostos e a morte".

Já que da morte você certamente não vai conseguir se livrar, tente reduzir ao mínimo os impostos que você pagará, no decorrer da sua vida.

Por outro lado, se você usar permanentemente meios ilícitos para manter seu negócio vivo, CUIDADO!, seguramente ele não vale a pena.

"Ele transforma o exército em um conjunto harmonioso."
Sun Tzu

O grande desafio de qualquer empreendimento é organizar e dosar os recursos disponíveis em relação às metas desejadas.

De um lado você tem mercados a serem alcançados pelo seu empreendimento, que são:

- serviços;
- bens de consumo;
- *commodities*;
- bens de capital;
- tecnologia;
- institucional.

De outro lado você tem os recursos necessários para levar avante os seu empreendimento:

- mão-de-obra;
- matérias-primas;
- equipamentos e tecnologia;
- capital.

Em cada país, ou mesmo dentro do mesmo país, em cada região existem particularidades que devem ser pesadas, com muito cuidado, quando for o momento de aplicar os recursos no empreendimento.

A escassez ou abundância de recursos, na região onde será localizado o empreendimento, será determinante para o cálculo dos custos, e das implicações que estes terão, no futuro do negócio.

Alguns exemplos esclarecem melhor esta harmonização:

O capital que for colocado no empreendimento, deve ser considerado como se fosse o capital de um banco, ou seja, você deve fazer de conta que tomou dinheiro emprestado de um banco para abrir o negócio. Você terá que remunerar este capital periodicamente, no mínimo, pela média da taxa de aplicação no mercado financeiro, e no máximo, pelo custo de um empréstimo bancário. O ideal é que você trabalhe na média dos dois tipos de remuneração, buscando uma taxa de retorno do capital que seja razoável e factível, para o empreendimento. Isto não quer dizer que você deve retirar este valor do negócio. Deixe o empreendimento atingir seu ponto de maturação, e então, é hora de cobrar o custo do capital, mas não esqueça de calcular a remuneração do capital, como custo mesmo quando não for possível retirá-la.

Se o empreendimento for focado em serviço, onde a mão-de-obra é o maior fator de custos, não esqueça de colocar no custo do negócio o seu tempo. Não calcule este custo pela sua necessidade de ganho. Calcule, considerando quanto alguém que estivesse fazendo esta tarefa, ganharia no mercado. Pouco importa se um dia você foi diretor de uma empresa ou outra coisa importante. Se você quer montar uma pastelaria, e para isto você terá que iniciar fritando pastéis, o seu custo para o negócio é de um fritador de pastéis, e não de um diretor, mesmo que você projete seu ganho, para quando sua rede de pastelarias tiver 1.000 filiais.

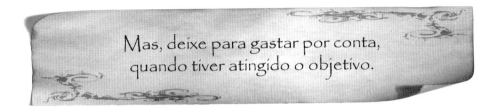

Mas, deixe para gastar por conta, quando tiver atingido o objetivo.

Conseguir equilibrar os recursos com os gastos será fundamental para o sucesso do negócio. Cada negócio tem uma equação própria de equilíbrio entre recursos e gastos e não existe fórmula mágica para o sucesso. O que se pode afirmar é:

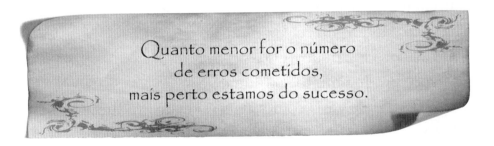

Quanto menor for o número de erros cometidos, mais perto estamos do sucesso.

Muitas vezes, é melhor investir mais em equipamentos, a fim de reduzir a mão-de-obra. Outras vezes é melhor ter mais mão-de-obra e menos investimento. Tudo depende do tipo de mercado que você busca atender, das oscilações dele, e também do custo de cada um destes recursos.

Antes de prosseguirmos é preciso deixar claro três conceitos de custo.

Custo Fixo

                Custo Variável

                                  Custo Total

Custo Fixo

São aqueles que independem do nível de atividade do seu empreendimento.

– se você vender ou não, ele existe,

– se você produzir ou não ele existe.

Ou seja, este custo existe para que seu empreendimento exista, e mesmo que você não produza nada, ele deverá ser pago.

Custo Variável

São aqueles que variam conforme aumenta ou diminui a atividade do seu negócio.

– se você não produz, ele não existe,

– se você produz pouco, ele é pequeno,

– se você produz muito, ele aumenta.

Ou seja, ele varia conforme o nível de produção do seu negócio.

Custo Total

É a somatória dos dois tipos de custos, Fixo e Variável.

Fica claro que mesmo com o negócio parado o Custo Fixo sempre estará presente, enquanto que o Custo Variável somente existirá quando houver atividade.

Esta simplificação foi feita somente para que os conceitos de custos que usaremos adiante, sejam compreendidos.

Sempre que você puder transformar qualquer custo do seu negócio em custo variável, faça-o.

Convém examinar atentamente estas situações, pois o custo variável somente incidirá quando houver real movimentação no negócio, ou seja você estará faturando, logo, terá recursos para pagar os custos variáveis.

Por outro lado os custos fixos que aparentam ser menores incidem o tempo todo sobre o negócio, independente de você estar faturando ou não.

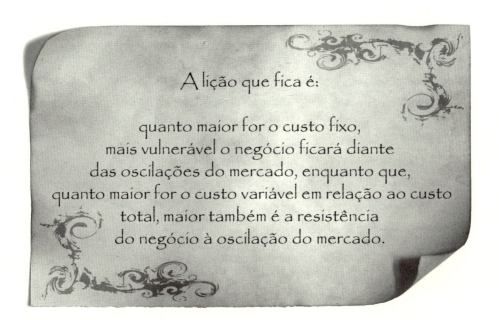

A lição que fica é:

quanto maior for o custo fixo,
mais vulnerável o negócio ficará diante
das oscilações do mercado, enquanto que,
quanto maior for o custo variável em relação ao custo
total, maior também é a resistência
do negócio à oscilação do mercado.

Capítulo 8

Utilizando Sabiamente os Recursos

Da arte das mudanças

Da limitação dos recursos: juntar um mais um e fazer dois, é coisa normal, qualquer um faz, para empreender, é preciso ir além, é preciso buscar a sinergia entre os recursos disponíveis, e assim obter um resultado maior e melhor, que a simples somatória deles.

*"Um bom general
não deve jamais dizer:
Aconteça o que acontecer,
farei tal coisa.
Irei lá, atacarei o inimigo,
sitiarei tal praça.
Somente as circunstâncias
devem ditar a conduta."*
Sun Tzu

Quando chegar o momento de localizar fisicamente seu empreendimento, é fundamental levar em conta as facilidades que estarão em torno dele. Por mais brilhante que seja a idéia, se sua localização não for analisada, levando em conta os meios que a cercam, a boa idéia se transforma em má idéia, logo de início. Volto a insistir, que a localização de um negócio depende dos fatores que nele influem, para que bons resultados sejam alcançados. Buscar a melhor avaliação, desde as fontes de matéria-prima, até a logística de distribuição, minimizarão bastante um possível erro, pois, um erro desta natureza, às vezes não fica claro num primeiro momento, mas certamente vai se revelar pelas dificuldades que irão aparecendo e estas poderão ser:

De obtenção de recursos:

Estou me referindo a recursos no sentido amplo, Mão-de-obra, Matérias-primas, facilidades de Infra-estrutura, Equipamentos, Tecnologia e Capital. Estas situações críticas, aparecerão tanto no início quanto no decorrer da operação. Sua manifestação será através de dificuldades, que implicarão em um aumento dos custos, e colocarão você em desvantagens junto aos concorrentes. Portanto, a correta avaliação da obtenção de recursos, é fundamental antes de dar a partida.

De localização:

Parece bastante óbvia a identificação do local, mas aqui eu chamo a atenção para o erro da comodidade.

Este erro é, localizar o empreendimento onde fica mais cômodo para o empreendedor, e não onde ele deve ser instalado.

Não seja teimoso!

Repense o local, mesmo que no primeiro momento não lhe seja conveniente. O comodismo é um sinal claro de indisciplina, e esta, é um veneno para qualquer empreendedor. O local escolhido pode até ser o mais cômodo para você, mas será que é o melhor para o negócio?

Quando a decisão da localização já foi tomada, é normal a tentativa de minorar os pequenos custos unitários que aparecerão, porque, repensar a localização de um negócio em andamento é muito complicado. Dependendo do negócio, é até normal e compreensível, criar-se muletas que o amparem para justificar sua permanência naquele local. Os sinais mais evidentes de erro de localização são:

- Dificuldade de obtenção de matéria-prima;
- Custo elevado de matéria-prima;
- Mão-de-obra, cara ou desqualificada;
- Altos custos de transporte;
- Ser indesejável ao meio (pela vizinhança ou pelo governo);
- Falta de infra-estrutura.

Convém neste caso, fazer uma avaliação em relação às implicações destes obstáculos no seu negócio e calcular a melhor estratégia. E então quem sabe:

Permanecer enquanto necessário e mudar quando possível.

De permanência e continuidade:

Os negócios, assim como as pessoas, vão mudando suas necessidades no decorrer do tempo. Convém estar muito atento às novas exigências que o seu negócio tem em cada fase.

Não é claro e nem óbvio, o empreendedor notar as novas necessidades do empreendimento. É muito comum, nós nos acostumarmos a fazer determinada coisa de uma forma, e resistirmos bravamente contra quaisquer mudanças que nos sejam sugeridas. Mudanças criam necessidade de alterar rotinas, de reconhecer erros ou fraquezas anteriores, e ninguém gosta ou aceita isto facilmente. Mais problemático ainda é mudar algo quando o criador ainda está no negócio!

É neste ponto, que os responsáveis por quaisquer empreendimentos, devem estar permanentemente atentos, e ter a coragem de tomar as atitudes necessárias de:

– corrigir rotas de negócio,

– sacrificar produtos ou até o próprio negócio,

– negociar o inegociável,

este é o dever do empreendedor na busca da perpetuação do empreendimento:

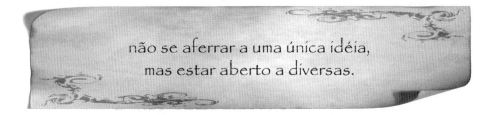

não se aferrar a uma única idéia, mas estar aberto a diversas.

Buscar sinergia entre idéias, de modo que o produto ou serviço, possa se renovar e apresentar novas alternativas independentemente de onde ele iniciou. Pode ser até que no decorrer da existência do mesmo, ele venha a desaparecer, em favor de uma nova idéia ou oportunidade melhor.

Estes indicativos de inovação não aparecem com alarde. Eles são fruto de observação diária e da capacidade de identificá-los. Pode também vir tanto internamente quanto externamente. Internamente através de sugestões dos colaboradores e externamente através de indicativos dos clientes. Identificar os sinais dentro da sua empresa é uma tarefa muito difícil, pois facilmente nos acostumamos com as rotinas que nos deixam confortáveis. Entretanto existe um sinal clássico que algo vai mal quando identificamos um comportamento que chamaremos de:

Transferência de culpas

– Este sintoma indica que algo vai mal e pode ser notado quando o negócio enfrenta dificuldades e todos buscam culpados, às vezes dentro da organização ou culpam fatores externos, tais como: o governo, o mercado, a concorrência desleal, os colegas que não colaboram, não digo que estas situações não existam mas, qualquer coisa terá que ser culpada:

– por aquilo que não foi feito, ou não foi previsto, e corrigido a tempo.

– Então, é hora de repensar os caminhos.

> *"Não desprezes nenhuma pequena vantagem*
> *que puderes obter de forma segura*
> *e sem nenhuma perda."*
> Sun Tzu

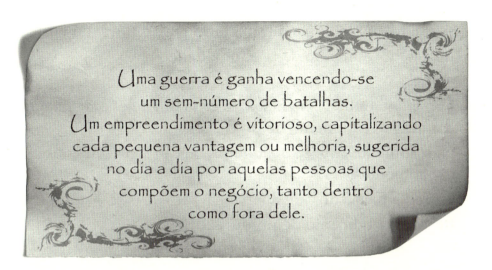

Uma guerra é ganha vencendo-se um sem-número de batalhas. Um empreendimento é vitorioso, capitalizando cada pequena vantagem ou melhoria, sugerida no dia a dia por aquelas pessoas que compõem o negócio, tanto dentro como fora dele.

Da faxina no banheiro até a saída do produto final, ouvir os envolvidos e engajá-los em melhorias que geram economias, aperfeiçoamentos os ganhos para o negócio, é uma posição que propiciará boas mudanças, mas para isso é importante que o pessoal esteja interessado e participando do processo.

Quero aqui contar um experimento que foi feito em Chicago, na Western Eletric Co. pelo professor de psicologia Elton Mayo. A companhia pediu que ele aumentasse a produtividade de uma linha de montagem de eletromagnetos, onde o trabalho das operárias menos qualificadas, consistia em enrolar bobinas. Coisa mais chata e monótona de fazer é inimaginável.

O que ele fez?

Chamou o grupo e explicou o objetivo do seu trabalho e a importância daquela ação para aumentar a competitividade da empresa. Disse que iria fazer várias tentativas a fim de medir os resultados.

– primeiro; implantou uma folga de 10 minutos para o café, durante o turno da manhã.

Resultado: aumento de produtividade.

– segundo, implantou a mesma folga para o turno da tarde.
Resultado: aumento de produtividade.

– implantou outros benefícios e a cada um deles o resultado era um novo aumento de produtividade.
Não contente com os resultados, ele prosseguiu com os experimentos.
– retirou a pausa do café da manhã.
Resultado: aumento de produtividade.

– retirou a pausa do café da tarde.
Resultado: aumento de produtividade.

– retirou os benefícios.
Resultado: aumento de produtividade.

Analisando os acontecimentos ele pôde concluir algumas coisas:

O enrolamento de bobinas continuava chato e monótono do mesmo jeito, mas Mayo tinha explicado a elas seu experimento, e elas, integraram-se nele. Elas sentiram que afinal estavam trabalhando em um contexto significativo e estavam contribuindo para o seu grupo e para a força de trabalho coletiva. Mayo pôde então demonstrar ter sido esse interesse, esse senso de participação, esse INESPERADO INTERESSE E SENSO DE PARTICIPAÇÃO, e não as pausas e benefícios que causaram o aumento de produção.

A lição que fica deste trabalho é:

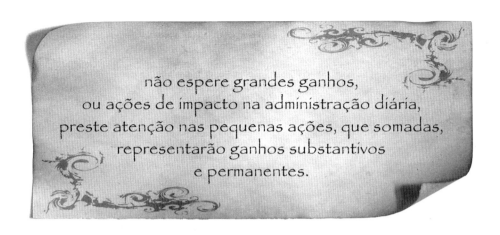

não espere grandes ganhos, ou ações de impacto na administração diária, preste atenção nas pequenas ações, que somadas, representarão ganhos substantivos e permanentes.

"*Antes de pensar em conseguir alguma vantagem, compare-a com: o trabalho, a fadiga, as despesas e as perdas... que ela poderá ocasionar.*"
Sun Tzu

Estar atento às mudanças sugeridas pelo pessoal, e calcular o efeito dessas mudanças sobre o conjunto do negócio é função do empreendedor, do chefe, do encarregado, do líder, pois a ele cabe a missão de ter a visão do conjunto. Não esquecer que quanto mais específica for a tarefa a ser executada por alguém, menor será a sua visão do conjunto e maior será a visão detalhada da tarefa. Também é missão do líder, cuidar para que o pequeno ganho se capitalize no conjunto do negócio e não crie dificuldades em outros setores. Não é incomum trocar um aparente ganho localizado por uma perda maior no conjunto.

Esta avaliação de ganho específico, contra o possível benefício geral, tem que ser cuidadosa e detalhada, para poder avaliar, se traz um verdadeiro ganho para o conjunto do negócio.

"... devo te prevenir contra os cinco defeitos que, embora pareçam inócuos são perniciosos e representam obstáculos funestos que derrotaram a prudência e a bravura mais de uma vez.

1.   *...o entusiasmo excessivo...É um homem precipitado, incapaz de encontrar recursos para safar-se de um mau momento. É um covarde incapaz de sofrer o menor revés.*

2.   *...cuidado exorbitante... Tem medo de tudo até da própria sombra. Hesita à espera de uma ocasião mais favorável. Perde a que aparece, não toma nenhuma iniciativa.*

3.   *...cólera... que não sabe se controlar... que sua irascibilidade impedirá de reconhecer as armadilhas nas quais infalivelmente cairá.*

4.   *... excessiva susceptibilidade...por querer reparar a honra apenas levemente ofendida, corre o risco de perdê-la irremediavelmente.*

5.   *...complacência, ou compaixão desmedida... que fecha os olhos para desordem... que teme que estejam sempre vergados sob o peso do trabalho."*

Sun Tzu

Nosso general não poderia ter colocado de melhor forma estes defeitos capitais, que sempre estarão agindo para minar e desperdiçar nossos escassos recursos humanos ou materiais. Portanto, a atenção para com estes vícios, identificando-os no seu grupo, mostrando à pessoa o caminho para a correção dos mesmos, é um esforço permanente e necessário, e se isso não resolver, não hesite em substituí-la.

De todos os recursos o grande capital de um empreendimento são as pessoas que nele estão engajadas, pois do comportamento delas depende o resultado do empreendimento.

Quero aqui chamar especial atenção para o líder ou líderes do empreendimento. Do líder dependerá em um primeiro momento, a clareza com que seus liderados receberão suas tarefas ou missões. Em um segundo momento como esses liderados que então serão líderes, transmitirão esses comandos com clareza e compreensão. Não vamos discutir estilos nem qualidades de liderança, mas afirmar que é fundamental que os líderes continuadores tenham claras suas missões, e as transmitam claramente para seus liderados. Assim todos saberão o que fazer e os desvios poderão ser facilmente notados e corrigidos.

Quero citar aqui um trecho, onde nosso general se posiciona diante de uma situação de clara quebra da disciplina, e desobediência diante de compromissos assumidos.

Sun Tzu disse-lhes:

"Se eu não tivesse me explicado bem, ou se vocês não me tivessem afirmado, em coro, que tinham compreendido, não seriam culpados. Mas lhes falei claramente como vocês mesmos admitiram. Por que não obedeceram? Vocês merecem punição, e punição militar. No universo militar, aquele que não obedece às ordens do general merece a morte. Vocês morrerão".

No contexto desta história, ele chama a atenção para os dois fatores que mais pesam na correta execução de qualquer tarefa.

CLAREZA E DISCIPLINA

Clareza quanto aos objetivos e disciplina quanto aos métodos de execução.

Capítulo 9

Planejamento Estratégico

Da importância da geografia

A análise de sua posição frente ao concorrente, quer ele dispute o mesmo mercado, ou tenha sido ele a inspiração do seu negócio.

"Se os estandartes dos teus inimigos mudam de lugar freqüentemente, é prova que estão desnorteados e que a desordem impera... Deves estar atento a todas as atitudes dos inimigos. Tal minúcia nos detalhes pode te parecer supérflua, mas minha intenção é: te prevenir de tudo, e te convencer que nada que pode contribuir para a vitória é irrelevante. Ela me ensinou, ela te ensinará também. Desejo que não seja às tuas custas."

Sun Tzu

Talvez a mais importante de todas as posições do empreendedor diante do seu empreendimento seja definir claramente sua ESTRATÉGIA.

A ESTRATÉGIA é uma posição exclusiva e valiosa do negócio em relação ao mercado, e a ele mesmo.

Não confunda estratégia com atitudes operacionais.

Enquanto a estratégia deve ser palpável, concreta, muito clara e não deve ser subjetiva, a atitude operacional que muitas vezes são confundidas com estratégia, podem ser subjetivas.

A mudança de uma estratégia do negócio somente deve ser implantada após muita reflexão pelo principal, ou principais cérebros da organização. Por outro lado as atitudes operacionais podem e devem ser trabalhadas e implementadas pelas linhas operacionais da organização. Convém lembrar que mudar uma estratégia é como mudar a rota de um navio que ia para determinado lugar. Mudando a rota ele certamente não chegará ao porto previsto, então cabe uma reflexão: ou estava indo para o porto errado e a rota foi corrigida, ou estava indo para o porto certo e agora está indo para o porto errado ou está indo para lugar nenhum.

Como exemplo citaremos algumas confusões comuns entre estratégia e atitudes operacionais.

Agilidade:

Agilidade não é estratégia, pois de nada adianta ser ágil sem ter direção.

Flexibilidade:

A flexibilidade deve ter limites, pois se você tentar atender todas as necessidades de cada cliente você não consegue ter lucro.

O cliente sempre tem razão:

Estes tipos de atitude são idiotices que devem ser combatidas em troca de atitudes mais condizentes com o foco da empresa. Assim, o correto é: o que podemos fazer pelo cliente, dentro do escopo da nossa empresa.

Alianças ou parcerias:

É preciso ter cuidado, pois elas só fazem sentido se completarem uma peça do seu quebra-cabeça, caso contrário elas serão uma nova dor de cabeça dentro do seu negócio.

Estas, como tantas outras atitudes operacionais de eficácia são citadas a todo o momento por pessoas dentro de organizações como sendo o máximo do conhecimento humano no campo das estratégias de negócio. Isto chega a ser tão nocivo que eu me lembro do orgulho com que um colega de trabalho em uma reunião de diretoria falou:

– nossa estratégia é não ter estratégia nenhuma.

Isto soa mais ou menos assim: vou mais longe porque não sei para onde ir. Ou seja uma pérola de refinada idiotice.

Então o que é estratégia?

– O produto em relação a ele mesmo, e como quer ser percebido.
– O produto em relação ao mercado, definindo quais mercados quer atingir.
– A empresa, sua posição em relação ao produto e ao mercado, e como quer ser percebida.
– A empresa em relação a ela mesma e aos concorrentes.

Isto para citar alguns pontos que fazem parte da estratégia de um negócio, mas esta tem que ser bem clara em cada um dos pontos ou segmentos que for definido.

Uma vez definida a estratégia convém então xecar se as atitudes operacionais que são definidas em escalões menores estão de acordo com a estratégia que é definida em escalão máximo.

Assim sendo, é importante ter claro uma estratégia, e repetir para você e seus comandados, tantas vezes quantas forem necessárias, para que fique bem marcada e seja o norte do seu negócio.

"Ser capaz de avaliar a própria força,
ter uma visão clara da situação do inimigo,
e obter apoio total dos seus homens,
eis o que basta.
Aquele que não faz planos,
mas subestima o inimigo será capturado por ele."
Sun Tzu

Para ter claro a posição do negócio é necessário se avaliar para saber se está bem ou mal equipado diante da empreitada que se pretende fazer. A idéia é fazer esta avaliação comparativamente, senão vejamos:

Até aqui você já fez todo um trabalho desde a identificação da sua oportunidade até a otimização dos recursos. Chegou a hora de comparar tudo isto com seu concorrente mais próximo ou concorrentes.

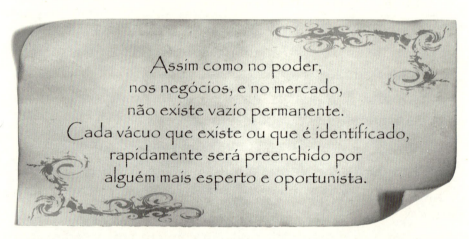

Assim como no poder, nos negócios, e no mercado, não existe vazio permanente. Cada vácuo que existe ou que é identificado, rapidamente será preenchido por alguém mais esperto e oportunista.

Mesmo que seu negócio seja pioneiro onde você pretende implantar, ele já deve existir em outro lugar, ou pelo menos algum negócio parecido com ele. Assim você deve fazer uma comparação de todos os recursos de que você dispõe contra aqueles empregados por seu concorrente, mesmo que vocês não venham a disputar exatamente o mesmo mercado.

Você terá então um paralelo para avaliar-se e quantificar os recursos disponíveis, contra alguém que já atua no mesmo negócio ou negócio similar.

Caso seu negócio seja pioneiro e seja um sucesso no lugar onde você o estabeleceu, rapidamente alguém o copiará e então você terá um concorrente que poderá ser seu vizinho: um ex-funcionário, ou alguém que achar o seu negócio uma boa idéia.

Uma vez feita a comparação e identificado que será um negócio igual, convém reservar recursos para implementar algum possível diferencial no seu negócio ou então ter em mente que você quer simplesmente copiar o seu concorrente. Neste caso convém pensar:

– Por quê? – alguém deixaria de fazer o que está fazendo, ou seja, deixar de ser fiel ao seu concorrente e vir a utilizar o seu produto ou serviço?

Certamente alguma vantagem você terá que oferecer, pois imagine que para alguém tomar uma atitude de mudança, é fundamental que estejam muito claras as razões pelas quais ele fará isto.

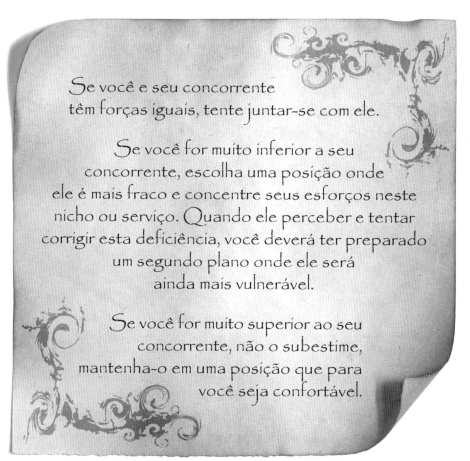

Se você e seu concorrente têm forças iguais, tente juntar-se com ele.

Se você for muito inferior a seu concorrente, escolha uma posição onde ele é mais fraco e concentre seus esforços neste nicho ou serviço. Quando ele perceber e tentar corrigir esta deficiência, você deverá ter preparado um segundo plano onde ele será ainda mais vulnerável.

Se você for muito superior ao seu concorrente, não o subestime, mantenha-o em uma posição que para você seja confortável.

"Decifra todos os movimentos do adversário."
Sun Tzu

Não vale a pena tentar eliminar seu concorrente do mercado, quando alguém se sente ameaçado normalmente tem reações de sobrevivência que podem surtir efeito contrário ao que você deseja.

Além disso, não vale a pena enfrentar inimigos muito poderosos declaradamente. Eles poderão assumir perdas temporárias para fazer com que você tenha uma perda permanente e seja eliminado.

Se ainda assim, você quiser enfrentá-los, tente não chamar a atenção deles até que sua posição esteja bem consolidada e a perda que eles tenham que assumir para eliminá-lo seja tão onerosa que não compense o sacrifício.

Se você for muito superior a seu concorrente tente comprá-lo. Caso isto não seja viável, não deixe que ele saiba dos seus planos até que seja a hora do confronto.

"Nada do que pode contribuir para a vitória é irrelevante."
Sun Tzu

Neste comparativo de avaliação do concorrente, atente bem para os detalhes que fazem do negócio dele um negócio de sucesso, ou um fracasso. Assim você estará antecipando situações que farão o diferencial do seu negócio. Nada pode ser mais danoso em um empreendimento do que o improviso.

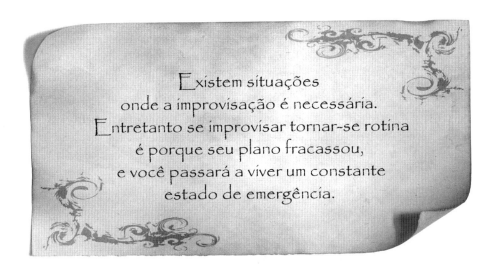

Existem situações onde a improvisação é necessária. Entretanto se improvisar tornar-se rotina é porque seu plano fracassou, e você passará a viver um constante estado de emergência.

Quanto maior for a necessidade de improvisar, menos tempo você ou seu negócio terão para melhorar e antecipar as ações.

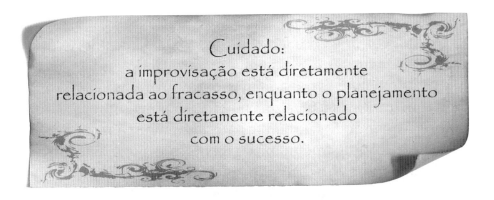

Cuidado: a improvisação está diretamente relacionada ao fracasso, enquanto o planejamento está diretamente relacionado com o sucesso.

"... a abundância de dinheiro é mais funesta que vantajosa, mais prejudicial do que útil.
Pelo abuso a que se presta, torna-se fonte da corrupção e matriz de todos os vícios."
Sun Tzu

Dentro do planejamento estratégico convém fixar metas para todas as ações mensuráveis, quer em termos de tempo ou quantidade. Desta forma, você poderá saber o quanto está dentro ou fora do plano. Não deixe seu negócio ter dinheiro demais, pois ele fará com que todos baixem a guarda, e permitirá o enfraquecimento das posições obtidas.

Se seu negócio não tem crise, INVENTE UMA. Crises estimulam a criatividade e renovam posições.

Uma vez que você tenha seu negócio planejado, as surpresas e ataques que ele venha a sofrer lhe permitirão até improvisar soluções ocasionais, pois a surpresa pode ser tratada com improviso. Qualquer solução por mais improvisada que seja quando for adotada para enfrentar uma surpresa, deve ficar sob julgamento permanente, até que se encontre o caminho definitivo e então seja adequada aos propósitos que se destinou e enquadrada no planejamento geral.

Capítulo 10

O Terreno & o Mercado

Da topografia

Vamos caminhar pelas armadilhas do mercado, que nos oferece visões ilusórias. A ilusão dos – pensamentos desejos – indo de encontro às reais possibilidades que o mercado permite.

"Conheça o outro, conheça a si mesmo, e a vitória não estará em risco. Conheça o terreno, conheça as condições naturais, e a vitória pode ser completa."
Sun Tzu

Por mais que você imagine conhecer o mercado e seu produto, este conhecimento nunca é suficiente. Volto a insistir, que este é o principal ponto de qualquer negócio. Além disso, o mercado é muito dinâmico e extremamente volúvel e mutável. Qualquer esforço para manter-se atualizado em relação ao consumidor, seus desejos, e tendências, será recompensado.

> *"Podemos distinguir seis tipos de terrenos:*
> *o acessível, o complicado, o contemporizador,*
> *os desfiladeiros, os cumes escarpados e as posições*
> *a grande distância do inimigo."*
> Sun Tzu

Na verdade o que ele nos ensina aqui é escolher a travessia correta do nosso empreendimento. Assim como qualquer ser vivo, o empreendimento tem as fases clássicas:

1. Nascer....................Empreender
2. Crescer....................Consolidar
3. Viver........................Manter

4. Renovar....................Recomeçar o ciclo Renascer ou

5. Morrer........................Declinar

É claro que estes períodos dependem primeiro do empreendedor e depois do próprio empreendimento. Estes ciclos de vida são muito variáveis e dependem do tipo de produto ou serviço do qual estivermos falando, alguns têm ciclo longo, outros nascem e desaparecem em função de alguma mudança tecnológica ou até, de mudança de hábito dos usuários. Muitos negócios conseguem perdurar por muito tempo, pois seus gestores têm a capacidade de renovar e de revitalizar os seus produtos ou serviços, desta forma, o ciclo de vida está diretamente ligado a esta capacidade. Se o empreendedor não compreender esta transição o negócio fatalmente morrerá.

Nem sempre conseguir identificar a fase em que o negócio está é simples para os que estão vivendo nele. Entendo que uma das mais perigosas fases desta travessia é a fase da pós-consolidação do mesmo, onde o negócio apresenta bons resultados. Por propiciar estes resultados o negócio cria uma zona de conforto a todos os envolvidos e oferece uma sensação de sucesso onde todos os controles são relaxados. Este é o momento de renovação ou então é o momento do início do declínio do mesmo.

Nem sempre estas fases são para o empreendimento como um todo, também valem para produtos, serviços ou até setores da empresa que podem ser olhados isoladamente. Por esta razão, o ciclo de renovação permanente é que perpetuará o negócio no seu conjunto muito embora as renovações possam ser de partes ou do todo.

Estar permanentemente atento aos pequenos desejos dos seus clientes é o caminho para manter a postura de melhoria que, por sua vez, manterá o produto ou serviço sempre atualizado.

Vamos então analisar estes terrenos ou aspectos do negócio em relação ao mercado e a ele próprio:

O acessível

São aqueles empreendimentos de travessia conhecida porque são comuns. São os empreendimentos que existem desde sempre. Não julguem mal o negócio comum.

Pense um pouco e responda sem preconceitos:
• O que faz um produto ser comum?

Permito-me aqui contar uma experiência pessoal sobre esse assunto:

Estava eu há alguns anos metido em um negócio de bijuterias folheadas a ouro. Um dia chegou um comprador que vinha da Zona de Livre Comércio Paraguai-Brasil em busca de correntinhas folheadas a ouro para uso no pescoço.

Nosso vendedor sentindo o potencial de negócio no mesmo, iniciou uma abordagem mostrando os últimos modelos italianos, franceses, etc...

O sujeito viu os produtos e ouviu o vendedor pacientemente até que perguntou?

— *Vocês não têm nada mais comum, mais simples?*

Ouvindo este diálogo, meti-me na conversa e perguntei:

— *Você não gostou dos modelos que foram apresentados?*

Ele respondeu:

— *Gostei sim e muito, mas o que vende mesmo são os modelos mais comuns!*

Então a resposta à pergunta inicial ficou muito clara:

• Um produto é comum porque muitas pessoas usam.

Logo, um negócio comum é aquele que não exige inovações na sua essência.

E certamente dará certo se você cometer o menor número possível de erros. Por outro lado, não espere grandes lucros, pois certamente muita gente também estará neste tipo de negócio.

O complicado

São os negócios inovadores, são os pioneirismos. Como satisfação pessoal todos nós imaginamos um negócio inovador. Quanto mais diferente for o negócio, maior o risco que ele oferece. Quando você oferece algo diferente, estará lutando contra o comum, estará fazendo com que seus consumidores deixem de fazer o que estão acostumados, e por isso mesmo gerando algum desconforto. Esta é a razão pela qual o risco implícito em um negócio inovador é muito alto e tem que ser cuidadosamente avaliado. É claro que se der certo a recompensa será ainda maior.

O contemporizador

Este tipo de negócio é aquele que oferece alguma coisa conhecida com um valor agregado que o diferencie dos já existentes. Esta é uma posição conservadora, mas que oferece algo comum com a capa de novo. Oferece ao público-alvo, algo que ele já conhece, mas ao mesmo tempo, acrescido da sensação de evolução, pois oferece um diferencial, uma melhoria, ainda que somente na aparência. Aqui você poderá colher um resultado algo melhor que no negócio comum.

Os desfiladeiros

Não importa o tipo de negócio que você faça, a logística de seu produto tem que ser muito bem pensada, pois compõe hoje um grande diferencial para o mercado.

O termo logística, roubado do dicionário militar que significa: *estar com aquilo que será utilizado, na quantidade certa, no momento certo, no lugar certo, em condições ideais e ao menor custo possível.*

Não adianta bons produtos e boa campanha publicitária, se o seu cliente potencial não encontrar o produto no momento em que ele tomou a decisão de comprar. Uma má distribuição ou má operação logística, porá a perder todos os outros esforços e poderá fazer com que você perca a guerra.

Os cumes escarpados

A concentração de risco em poucos clientes é uma das armadilhas nas quais você pode cair. Não é o fim do mundo, se durante *uma fase inicial* o seu negócio tiver poucos clientes, mas tenha em mente que esta situação não é boa no médio prazo.

Quanto maior for sua concentração maior será sua dependência, isto quer dizer que se o seu cliente tiver qualquer tipo de problema, independente da sua vontade, você ficará em situação muito difícil. Pode ser por: comprar demais, por atrasar pagamentos ou até não pagar, o que seria fatal para você. Não deixe de fazer um bom negócio, mas não permita que esta sedução coloque seu negócio em risco. Quanto mais diluído for seu negócio, menor será seu risco de dependência.

Quando falamos em concentração de venda em um único cliente, o mesmo raciocínio vale para concentração do negócio em um único produto.

As posições à grande distância do inimigo

Nunca permita um distanciamento entre você e seu cliente. Por vezes, a distância é grande pela natureza do empreendimento. Imagine atender o mercado da Amazônia a partir de São Paulo. Esta situação poderá ser logisticamente obrigatória, porém desconhecer as condições e o cliente da Amazônia é proibitivo. É imperativo aproximar-se do cliente, seja diretamente ou indiretamente, por mais distante que ele esteja é necessário ter respostas para as seguintes perguntas:

- O que o meu consumidor acha do meu produto ou serviço?
- Estará ele satisfeito ou está usando meu produto por falta de alternativa?
- Ainda que ele esteja satisfeito, posso melhorar?
- Se ele não estiver satisfeito, como corrigir?
- Como melhorar, aprimorar, sofisticar meu produto?
- O que mais posso oferecer dentro do meu negócio?

É importante manter algum tipo de pesquisa de satisfação junto ao seu cliente, não importando a distância que ele se encontre, estas respostas são o direcionamento do seu negócio para o futuro.

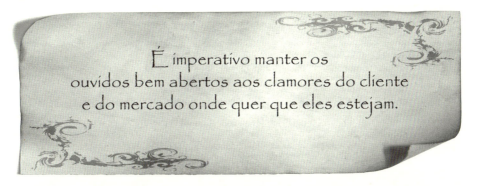

É imperativo manter os ouvidos bem abertos aos clamores do cliente e do mercado onde quer que eles estejam.

"A superfície da terra apresenta uma variedade infinita de lugares. Deves fugir de uns e buscar outros. Todavia deves conhecer todos os terrenos com perfeição."
Sun Tzu

O mercado ou os consumidores do seu produto ou serviço são, por princípio, infiéis. Os consumidores do mercado só são fiéis às vantagens que eles conseguem sentir em relação a eles mesmos. Assim sendo, você tem por obrigação a permanente comparação do seu produto ou serviço com aqueles oferecidos pela concorrência.

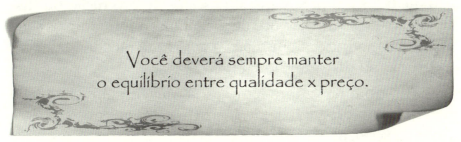

Você deverá sempre manter o equilíbrio entre qualidade x preço.

Não importa neste caso o que você considera ser o direcionamento do seu negócio. Por exemplo:

"Farei o melhor produto a um preço mais alto, pois assim o custo benefício para o consumidor o levará a comprar o meu produto".

Até pode ser verdadeira esta colocação, mas a verdadeira pergunta é:

"Quanto o mercado está disposto a pagar por este produto ou serviço?".

Este é o caminho contrário para descobrir a verdadeira intenção do mercado e deverá ser percorrido do mercado em direção a seu negócio. Ele será a confirmação ou a negação da viabilidade econômica do seu empreendimento.

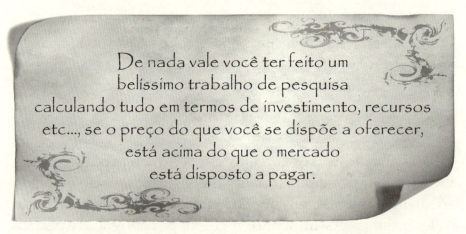

De nada vale você ter feito um belíssimo trabalho de pesquisa calculando tudo em termos de investimento, recursos etc..., se o preço do que você se dispõe a oferecer, está acima do que o mercado está disposto a pagar.

Este exercício deve ser executado com diferentes volumes de produção, do que você se propõe a oferecer. Os custos são medidos em patamares ou escalas de produção ou distribuição, desta forma você deve tentar sentir quanto os seus custos se modificam em relação aos diferentes volumes de produção ou distribuição.

É claro que sempre tem que ser levado em conta se o mercado tem capacidade de absorver estes volumes de produto ou serviços.

Lembre-se: de nada adianta imaginar situações sem levar em conta o principal fator que é o mercado.

Capítulo 11

Identificando e Atravessando os Conflitos

Dos nove tipos de terreno

No decorrer da implantação e desenvolvimento de um empreendimento, surgirão muitas situações de conflito, que se não forem eliminadas poderão significar seu fim.

*As tropas bem disciplinadas resistem quando estão cercadas; reduplicam esforços em situações de perigo sem temor, batem-se até a morte quando não há alternativa, e obedecem cegamente.
Se as que tu comandas não são desta estirpe, a culpa é tua. Não mereces comandá-las.*

Sun Tzu

Empreender, ou administrar é a busca constante do equilíbrio entre o possível e o desejável. A esta busca, eu chamo de administrar conflitos. Portanto, quem se imaginar empreendendo ou administrando deve estar consciente que são permanentes as situações de conflito do empreendimento em todas as áreas. Não necessariamente com a mesma intensidade e ao mesmo tempo. Porém entender este posicionamento como natural, é preparar-se para:

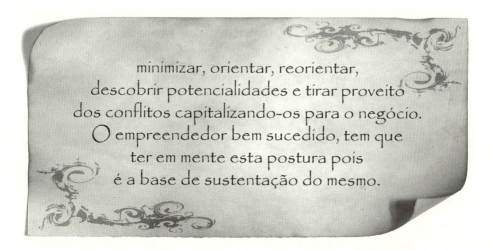

minimizar, orientar, reorientar, descobrir potencialidades e tirar proveito dos conflitos capitalizando-os para o negócio. O empreendedor bem sucedido, tem que ter em mente esta postura pois é a base de sustentação do mesmo.

Não existe a possibilidade de haver uma travessia tranqüila e permanente em nenhum empreendimento, pois, onde houver interesses distintos haverá conflitos e um empreendimento é conflitivo por definição, uma vez que, qualquer produto ou serviço que esteja sendo oferecido, busca a melhor margem de lucro possível, por outro lado, o comprador busca obter o produto ou serviço desejado pelo menor preço possível.

Logo, está claro o caráter conflitivo de um empreendimento. Você poderia imaginar que o equilíbrio se daria em um preço justo, então todos estariam satisfeitos. É claro que isto pode vir a acontecer, mas somente como posição temporária, até que surja um novo fator, como um produto concorrente ou um consumidor a mais, e então, a situação de conflito, volta, pois novamente surgirá o desequilíbrio. Neste momento deverá entrar em ação a perspicácia do empreendedor para administrá-la e a habilidade de capitalizar estes conflitos para o empreendimento. Esta é a diferença entre o empreendedor bem sucedido e o que fracassou.

Qualquer desequilíbrio, diante de um problema de qualquer ordem, seja operacional, institucional ou pessoal, somente vai aumentar o problema, uma vez que o ser humano em situações de desequilíbrio tende a potencializar os aspectos que geraram aquele conflito tornando-o maior do que realmente é.

Tenha em mente uma máxima que é adotada pelos ingleses:

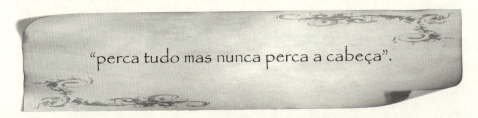

"perca tudo mas nunca perca a cabeça".

A grande lição que está contida nesta máxima é: que uma vez que você não perdeu a cabeça, e as perdas são inevitáveis, você certamente entregará para o sacrifício o que lhe fizer menos falta, logo será uma perda otimizada, se é que se pode dizer assim.

Vamos imaginar um empreendimento simples:
– Um feirante que vende só um produto.

Se não houvesse o conflito, ele manteria seu preço fixo durante todo o período da feira, e venderia uma quantidade previsível, com um lucro previsível. Sabemos que não é assim que funciona, muito pelo contrário, o preço vai variando em função de oferta e desejo dos consumidores. Este empreendedor estará administrando permanentemente o conflito do preço e do produto, durante todo o período da feira, alterando-o conforme seu estoque e os desejos dos consumidores.

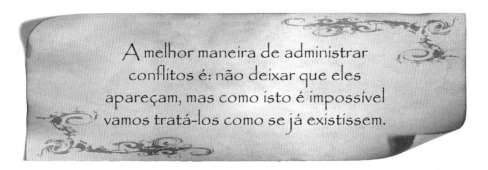

A melhor maneira de administrar conflitos é: não deixar que eles apareçam, mas como isto é impossível vamos tratá-los como se já existissem.

Todo empreendedor que consegue ter um negócio é porque conseguiu equilibrar os conflitos básicos iniciais, e além disso, impor ao seu negócio e às pessoas que nele estão, uma linha de conduta, a qual chamaremos de: **cultura do negócio**.

Esta cultura, é sem dúvida, um dos fatores mais importantes que o negócio tem.

Muitas vezes é difícil estabelecê-la, pois ainda não foi identificada ou não tem definição suficiente para o próprio empreendedor. Entretanto, a linha de conduta, a cultura do negócio, deve ser identificada para que o responsável faça com que ela possa ser seguida pelo conjunto de pessoas que tocam o negócio e utilizada como ferramenta de administração.

É importante identificá-la, pois um negócio existente, é um negócio vencedor, e na maioria das vezes na cultura do negócio está "escondida" a estratégia que permitiu este sucesso. Em um negócio vencedor, na maioria das vezes é a cultura do negócio que permitiu o sucesso. Nessa cultura na realidade está escondida a estratégia, e é por isso que digo, que é importante identificá-la.

Repito, estratégia é o norte do negócio, é onde se quer chegar, é a definição maior do rumo que se pretende dar a um empreendimento. Quanto mais claro este rumo for para todos, tanto mais fácil será de segui-lo.

A estratégia bem definida é como uma estrada ampla e asfaltada, a falta dela é como andar em mata fechada sem ver o sol, você até pode ir adiante, mas não sabe onde vai chegar, daí desde o atendimento do telefone ao recebimento do pagamento originado por uma venda esta cultura estará presente, por isso convém fazer uma boa análise para sua identificação.

Quando se prendem vários cavalos em uma mesma estaca,
deve-se evitar colocar juntos os indômitos,
ou colocá-los com outros em menor número.
Eles semeariam a desordem.
Uma vez domesticados, imitarão facilmente os companheiros.
Sun Tzu

Os conflitos de relacionamento começam quando alguém destoa da cultura geral do grupo, querendo impor vontade própria, que seja diferente desta linha de conduta. Teremos então nessas situações, a formação de poderes informais, que certamente no decorrer do tempo irão se chocar com os poderes formalmente reconhecidos, e criar dificuldades crescentes para a administração.

Com o crescimento do negócio e a entrada de novas pessoas como colaboradores, as tarefas que antes eram executadas por uma única pessoa vão sendo divididas. Essas divisões de tarefas na maioria das vezes não são muito claras, daí surgem os primeiros problemas: quem faz o quê?

Cada vez que alguém deixa de fazer algo do que fazia, perde o poder sobre aquela informação. Pode-se dizer que esta pessoa tem o sentimento de ter tido uma perda de poder diante do grupo. Não é incomum nestes casos, termos uma inconformidade emocional, do tipo: EU SEI QUE ALGUÉM FAZENDO ISTO ME AJUDA, E É MELHOR PARA O CONJUNTO, MAS EU NÃO GOSTO, POR ISSO VOU RESISTIR OU ATÉ SABOTAR.

É óbvio que uma definição detalhada das divisões de tarefas e descrição de funções, é a melhor maneira de minimizar estes conflitos, além disso, esclarecer e conscientizar a todos os benefícios gerados pelas mudanças.

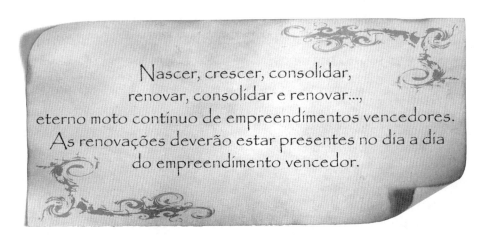

Nascer, crescer, consolidar, renovar, consolidar e renovar..., eterno moto contínuo de empreendimentos vencedores. As renovações deverão estar presentes no dia a dia do empreendimento vencedor.

Essas mudanças as quais me referi não são ocasionais, mas permanentes. É sabido que qualquer mudança cria uma situação desconhecida, que normalmente gera resistência à mudança criando nos envolvidos situações de angústia. Assim sendo:

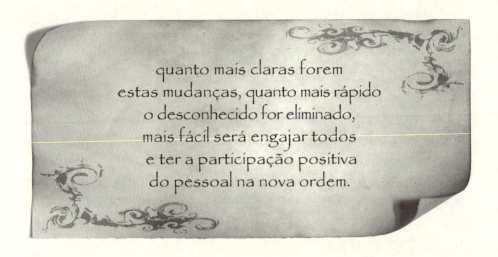

quanto mais claras forem
estas mudanças, quanto mais rápido
o desconhecido for eliminado,
mais fácil será engajar todos
e ter a participação positiva
do pessoal na nova ordem.

Devemos levar em conta que toda a pessoa que entra em um grupo, traz uma cultura diferente daquela já existente e, forçosamente ela estará sendo mais severamente observada, para ser julgada se é aceita ou não, ou ainda se acrescenta novas condutas ao grupo, podendo até ir ao extremo de desfigurar a cultura existente. Isto pode ocorrer em qualquer escalão. Quanto mais alto o escalão mais rápido pode ser o dano, quanto mais baixo, mais lento, mas tanto um quanto outro podem ser muito danosos.

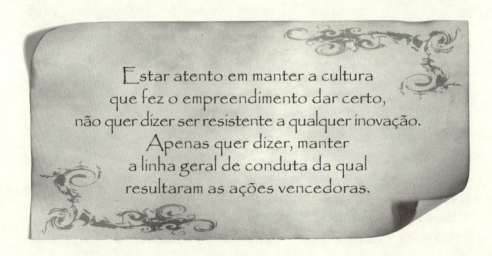

Estar atento em manter a cultura
que fez o empreendimento dar certo,
não quer dizer ser resistente a qualquer inovação.
Apenas quer dizer, manter
a linha geral de conduta da qual
resultaram as ações vencedoras.

"Por mais crítica que seja a situação e as circunstâncias em que te encontrares não desesperes. Nas ocasiões em que tudo te inspira temor, nada deves temer. Quando estiveres sem nenhum recurso deves contar com todos.
Quando fores surpreendido, surpreenda o inimigo."
Sun Tzu

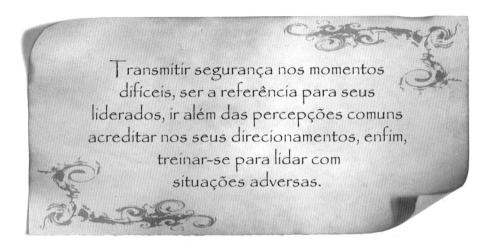

Transmitir segurança nos momentos difíceis, ser a referência para seus liderados, ir além das percepções comuns acreditar nos seus direcionamentos, enfim, treinar-se para lidar com situações adversas.

Essa é a verdadeira lição de casa para o empreendedor que pretende sucesso. Volto a repetir:

"perca tudo mas não perca a cabeça".

Como dizem os ingleses. E voltando ao nosso General:

"Impeça que se espalhem boatos falsos, corte pela raiz queixas e murmúrios, não permitas que se façam augúrios sinistros baseados em algum evento extraordinário".
Sun Tzu

É muito importante, até vital para qualquer empreendimento, combater a todo custo a boataria, os "diz-que-diz-que". Estas posturas vêm de pessoas negativas e não engajadas no processo.

Fique atento de onde partem essas fofocas ou mesmo previsões negativas e pessimistas. Elas minam o bem-estar e criam condições para o derrotismo se infiltrar no negócio. Esses comentários são possivelmente o maior gerador de conflitos uma vez que semeiam a discórdia e desagregam os grupos.

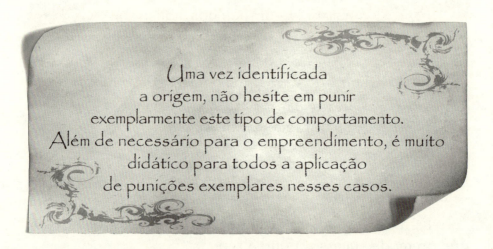

Uma vez identificada a origem, não hesite em punir exemplarmente este tipo de comportamento. Além de necessário para o empreendimento, é muito didático para todos a aplicação de punições exemplares nesses casos.

E não esqueça de fazer com que todos fiquem sabendo das razões da punição, caso isto não seja corretamente divulgado o fator didático se perde.

Capítulo 12

Momento de Decisão

Da pirotecnia

Chega o momento em que
decisões têm que ser tomadas
e ações executadas.

Uma vez dados todos os
passos iniciais é hora de ação.

"Digo mais:
Não adies o momento do combate, nem
esperes que tuas armas enferrujem e o fio
de tuas espadas se embote.
A vitória é o principal objetivo da guerra."
Sun Tzu

Não espere que alguém descreva em um livro novos métodos e formas de sucesso, para então absorvê-los em forma de conhecimento, e pôr em prática na forma de empreendimento. Se você aguardar por fazer isto, irá postergar seu momento de ação, e quem sabe, quando quiser executar aquela sua idéia alguém já o fez, e daí, será tarde demais. O acúmulo e a aplicação prática do conhecimento é que vão definir o sucesso ou fracasso de qualquer empreendimento, mas o momento de agir é decisão do empreendedor.

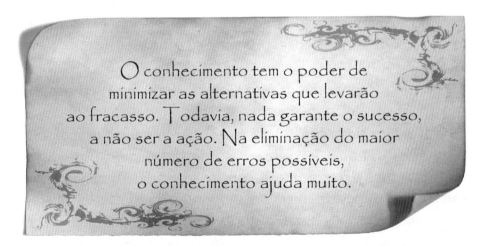

O conhecimento tem o poder de minimizar as alternativas que levarão ao fracasso. Todavia, nada garante o sucesso, a não ser a ação. Na eliminação do maior número de erros possíveis, o conhecimento ajuda muito.

No momento da ação, as decisões sobre: imprevistos, ou novos caminhos, o conhecimento e a disciplina serão suas melhores ferramentas. Eliminando os erros óbvios, você terá sua mente mais limpa para enxergar os possíveis caminhos vencedores, e dentre eles buscar o melhor para o seu negócio.

Não imagine que buscar conhecimento é chato, não, não é!

Você pode transformar isto em algo muito divertido, aqui vai uma dica:

Diante de qualquer informação nova faça como as crianças, não presuma nada, se não entendeu, pergunte até entender. Tente separar a notícia da informação. A notícia é a manchete que é alardeada e repetida por todos, ela é aceita como prato pronto, onde você tem no máximo o direito de gostar ou não. A informação é o significado da manchete, é o "por que" isto aconteceu? ou está acontecendo? e quais as implicações presentes e futuras? ... é claro que é mais difícil compreender a informação, pois, requer fugir do lugar comum, mas eu garanto que é muito compensador.

A informação poderia ser comparada com o preparo de um prato, onde os componentes são a notícia. A comida será melhor ou pior segundo seus conhecimentos do arranjo e influência dos componentes. Faça seu prato e aprecie com bom apetite, ou compre pratos prontos e veja se gosta ou não.

Cuidado para não virar *o chato* dentro do seu grupo, o homem do eterno perguntar.

Existem pessoas que desenvolvem o hábito de colocar perguntas diante de explicações que são dadas sobre algo. Isto não quer dizer que estejam interessadas, mas sim que querem ser notadas como participantes da discussão. Estes sim são os eternos chatos.

Uma vez que você se acha preparado para o início da batalha é o momento de executar os planos e transformá-los em ações, as quais seguramente, se transformarão em resultados positivos.

Também é um momento de fé, não a fé irracional que vem da aceitação de algo como verdadeiro só porque alguém ou alguma autoridade ou a maioria assim o declaram, mas a fé na razão e na verdade.

> A fé racional que tem suas raízes na experiência própria, na confiança que você desenvolveu em sua capacidade de pensar, observar e julgar, esta fé racional que nasce da sua convicção independente, baseada na sua capacidade de observação e nas ações produtivas vivenciadas por você mesmo.

Esta é a fé que fará você comprometer-se com seu empreendimento e sair do campo das hipóteses e passar para a realidade das ações.

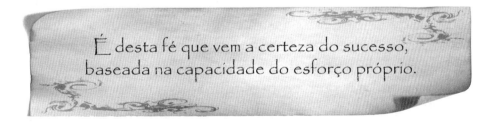

> É desta fé que vem a certeza do sucesso, baseada na capacidade do esforço próprio.

"É desastroso sair vitorioso da batalha, conquistar os despojos e não saber explorar essas conquistas. A isso se denomina desperdício de recurso."
Sun Tzu

Empreendedor rico, empreendimento pobre. É muito comum vermos o comportamento acumulativo do empreendedor. Aos primeiros sinais de sucesso do negócio ele retira para si o resultado, enxugando o caixa da empresa e engordando sua caixa particular.

Essa atitude leva o empreendimento a não ter recursos suficientes para completar o ciclo de revitalização, que é necessário para a continuação e perpetuação de um empreendimento. Assim os equipamentos vão tornando-se obsoletos, não existe disposição nem recursos para pesquisa, portanto a renovação e o aprimoramento estarão comprometidos.

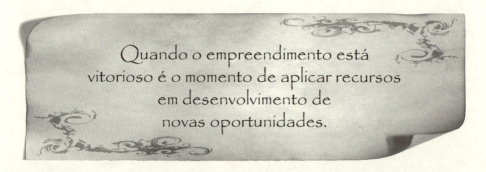

Quando o empreendimento está vitorioso é o momento de aplicar recursos em desenvolvimento de novas oportunidades.

Quando o empreendimento der os primeiros sinais de declínio, os novos produtos desenvolvidos já devem estar em fase de lançamento, assim o empreendimento se revitalizará, logo estará vitorioso e novamente poderá reiniciar o ciclo. Este conceito se aplica tanto para um produto em particular, quanto para um empreendimento no seu conjunto.

*"Esse é um caso em que o **bom** é melhor do que o **excelente**. Quanto mais te elevares acima do bom, mais te aproximarás do **pernicioso** e do **ruim**."*
Sun Tzu

Dito de outra maneira – o maior inimigo do bom é o ótimo. Ele posterga decisões, atrasa lançamentos e cria dificuldades no dia a dia. Sempre haverá alguém defendendo uma melhoria sobre algo que ainda não foi lançado. Cuidado com os perfeccionistas, eles são capazes de pôr tudo a perder, por excesso de questionamento. Essas pessoas normalmente não contribuem com nada de produtivo, são especialistas em aparecer diante do grupo apontando erros dos outros e reivindicando a paternidade sobre as ações que obtiveram sucesso. Fazem apenas uma pirotecnia de argumentos e raciocínios sem concretizar nada.

Um dos grandes males de qualquer empreendimento é a busca obsessiva e minuciosa da perfeição, este assunto é tão sério que existe um termo técnico em administração para defini-lo:

Autofagia.

Ou seja, uma pessoa morreria de fome por não ter nada tão perfeito para comer que não fosse ela própria. Trocando em miúdos, uma ação nunca termina porque ela precisa ser trabalhada até a perfeição.

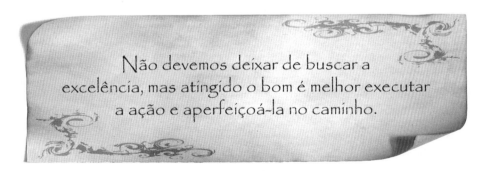

Não devemos deixar de buscar a excelência, mas atingido o bom é melhor executar a ação e aperfeiçoá-la no caminho.

Convém lembrar que: a mais longa jornada inicia com o primeiro passo, portanto se você não o fizer, de nada adiantou o sonho de empreender, não passará de um sonho.

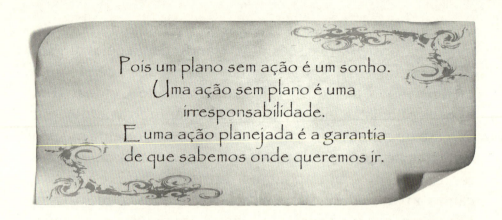

Pois um plano sem ação é um sonho.
Uma ação sem plano é uma irresponsabilidade.
E uma ação planejada é a garantia de que sabemos onde queremos ir.

Capítulo 13

A Informação é Poder

Da arte de semear a discórdia

Aqui tratamos do uso das informações como fonte de poder. Ou o excesso de informações como fonte de discórdia.

"A divisão de morte é aquela pela qual, após dar falsos avisos sobre o estado das nossas forças, espalhamos rumores tendenciosos, inclusive na corte do soberano inimigo, o qual, acreditando na veracidade dos boatos, toma atitudes condizentes com as falsas informações recebidas."
Sun Tzu

Obtendo a informação,

Tratando a informação,

Usando a informação.

Buscar informação é um trabalho objetivo e persistente. Separar a verdadeira informação das manchetes e dos "achismos" onde fulano acha isso, beltrano acha aquilo, e você, baseado no que acham aqueles que não estão comprometidos com o projeto, acaba cometendo um erro de decisão, pelo qual, pagará caro. Buscar a verdadeira informação e separá-la das desinformações que são abundantes e disponíveis no mercado, é um trabalho que requer um bom preparo anterior. Antes de sair a campo pesquisando, entrevistando e consultando a torto e a direita, é necessário ter um roteiro daquilo que se quer fazer, só assim, se pode ordenar as informações colhidas e transformá-las em conhecimento.

- O que buscar
- De que forma
- Onde buscar
- Como isso será ordenado
- Como isto será avaliado
- Para que serve

E, além disso, para poder usar a informação, é importante estar aberto para enxergar principalmente aquilo que você não quer ver. Nós temos uma tendência natural de não querermos ver o que nos incomoda, assim é normal passarem desapercebidas coisas importantes, mas que não queremos ver.

Principalmente quando estamos em fase de paixão por uma idéia, ou qualquer outra coisa, fazemos qualquer esforço para obter esta paixão, realizar esta idéia, ficamos cegos e só enxergamos o objeto de nossa paixão, como aliás, é normal em qualquer pessoa apaixonada, daí porque ficamos cegos para aquilo que não queremos ver. É preciso **muito cuidado para obter, tratar e avaliar as informações.**

Quem já não ouviu a expressão: *"Olhar de pessoa apaixonada"* aquele olhar lânguido que não reage a nada, a não ser ao objeto do seu desejo.

"A razão pela qual o soberano esclarecido e seu comandante máximo conquistam o inimigo a cada movimento e obtêm façanhas fora do comum é a previsão, ou conhecimento do prévio.
Tal conhecimento (...) não se deduz da analogia com fatos passados (...).
Deve vir dos homens que conheçam bem a situação do inimigo."
Sun Tzu

Não se trata de desprezar o passado, afinal foi este passado que nos trouxe até onde estamos, e o conhecimento adquirido nesta trajetória tem certamente muita importância. No mínimo serve para não repetirmos os mesmos erros cometidos. Todavia o que fará a diferença são as informações e o planejamento sobre os passos futuros. Assim, está claro que a informação como fonte de poder é o pilar que sustenta qualquer empreendimento.

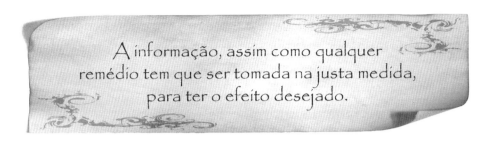

A informação, assim como qualquer remédio tem que ser tomada na justa medida, para ter o efeito desejado.

A ordenação das informações obtidas para sua correta utilização na busca dos objetivos, é em última análise o segredo da antecipação dos fatos.

Temos que tomar muito cuidado quando buscamos informação, pois nos dias de hoje, com a capacidade que os computadores têm de armazenar todo o tipo de informações de maneira barata, é inacreditável o que existe de material armazenado.

Daí a chamar todo este material de informação útil, vai uma distância enorme.

Muitos se perdem confundindo: notícias, histórias, disse-que-disse, e todo o tipo de ruídos que o mercado faz com as verdadeiras informações.

Como já foi dito, assim como um remédio:

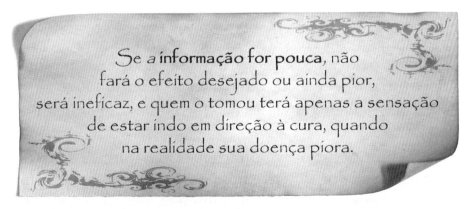

Se *a informação for pouca*, não fará o efeito desejado ou ainda pior, será ineficaz, e quem o tomou terá apenas a sensação de estar indo em direção à cura, quando na realidade sua doença piora.

No caso do negócio, a visão estreita criada pela *pouca informação*, aumenta brutalmente a possibilidade de acidentes de percurso. Fará que você veja seu empreendimento de forma fragmentada, ou seja, você não conseguirá uma visão de conjunto do seu negócio.

Desta forma estará sujeito a cometer muitos erros de avaliação, por falta de informações.

Fatalmente, esta situação leva a tomadas de decisão de forma incompleta é será complementada com fatores passionais e intuitivos, que em última análise podemos chamar de improvisação.

O que nos leva de volta a Sun Tzu:

"Se você não conhece teu inimigo...".

e assim como um remédio:

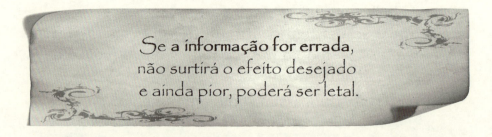

Se a informação for errada, não surtirá o efeito desejado e ainda pior, poderá ser letal.

Muitas vezes em situações de empreendimento somos seduzidos pelo canto da sereia. Ouvimos e vemos o que queremos ouvir e ver e, não aquilo que nos é mostrado.

Então somos presas fáceis dos nossos "pensamentos desejos".

O empreendedor por características naturais é antes de tudo um sonhador, que acredita ser possível transformar um sonho em uma realização. Se assim não fosse não seria um empreendedor. Por outro lado, sonhos podem seduzir, e neste caso o empreendedor não consegue ver o óbvio, pois está cego pelo seu desejo; aceita informações erradas como certas, pois elas satisfazem seu sonho e não sua necessidade.

A informação errada leva a uma visão distorcida do empreendimento, comprometendo totalmente o resultado e o que é pior, gera um tremendo esforço contrário aos objetivos.

Assim como o remédio:

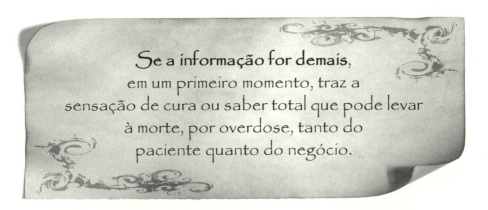

Se a informação for demais, em um primeiro momento, traz a sensação de cura ou saber total que pode levar à morte, por overdose, tanto do paciente quanto do negócio.

Excessos de opções levam a decisão nenhuma, ou quando levam a uma decisão, o tempo despendido até que ela seja tomada, provavelmente, já tornou a decisão tardia ou obsoleta.

A facilidade com que hoje, os computadores nos fornecem dados, faz com que: quando você menos perceba, já tenha em sua casa alguns relatórios, que na verdade só tomam tempo e dispersam esforços.

Não raro encontramos um relatório que ensine a fazer relatórios. E o pior disso é que uma montanha de energia é perdida neste assunto.

O que realmente interessa é: *para que serve esta ou aquela informação?*

Aqui cabe uma pergunta prática: *se ela não existisse, o que aconteceria?*

Você ficará surpreso com a quantidade de relatórios gerados por costume e não por necessidade, isso não quer dizer que um dia eles não tenham sido importantes, porém, hoje já não têm valor. No entanto, quem terá a coragem de eliminar um relatório qualquer e explicar quando questionado, a razão pela qual o fez? – Somente alguém muito comprometido com o negócio, e além disso, disposto a pagar pela decisão até com seu emprego. Gente assim está cada dia mais difícil de ser encontrada.

A posição política e não a posição de comprometimento é sempre mais fácil de ser defendida, embora muito mais nociva ao empreendimento. Cuidado com os tipos políticos! Estão sempre de bem com todos independentemente se o negócio vai bem ou mal, são os politicamente corretos, os amigos de todos. Até metade do século XIX a humanidade levava 70 anos para renovar conhecimento. Nos fins do século XX esta renovação estava calculada em três anos. Imagine com que velocidade os conhecimentos ficam obsoletos a cada dia que passa. Estar atento diuturnamente aos passos da concorrência e saber o que eles fazem melhor do que você, permitirá tomar decisões que serão determinantes para o destino do seu negócio. Decisões estas que podem ser:

• Melhorar o produto (preço x qualidade)

• Retirar o produto do mercado

• Mudar, derivar a linha de produtos

• Associar-se ao concorrente

• Comprar o concorrente

• Vender o negócio

• Fechar o negócio

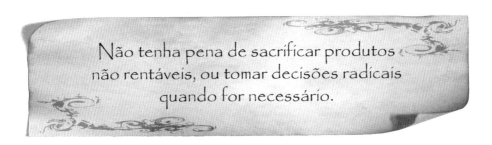

Não tenha pena de sacrificar produtos não rentáveis, ou tomar decisões radicais quando for necessário.

São tantas novidades aparecendo ao mesmo tempo, que você tem a sensação de enlouquecer. Mas, se você for analisando uma a uma e cada uma das implicações no seu negócio, verá que, é possível visualizar estas mudanças no contexto do seu empreendimento e tirar a conclusão de qual caminho seguir.

Capítulo 14

O Segredo do Sucesso

Identificar uma oportunidade, estar preparado para ela e correr o risco.

Eis o que basta para você ter sucesso.
É hora de:
CORRER
O
RISCO.

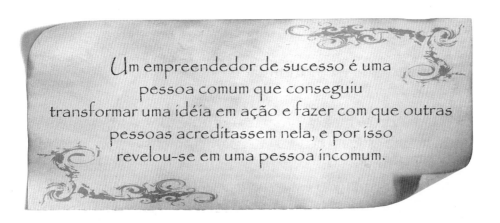

Um empreendedor de sucesso é uma pessoa comum que conseguiu transformar uma idéia em ação e fazer com que outras pessoas acreditassem nela, e por isso revelou-se em uma pessoa incomum.

Após termos viajado juntos e compartilhado algumas idéias do Mestre Sun Tzu, e temperado com minha experiência de empreendedor, podemos concluir que o segredo do sucesso está em uma situação de três apoios. Figurativamente eu comparo isto a um banquinho desses que tem três pernas: de qualquer modo que você o colocar no chão, estará em equilíbrio.

Um banquinho de duas pernas, cai.

Um banquinho de quatro pernas só estará em equilíbrio se o chão for perfeito.

Esta analogia é para mostrar as fases de um empreendimento, pois, qualquer empreendimento de sucesso certamente passará por estas três fases.

1. Identificando a oportunidade

Quando se busca algo para empreender, é fundamental que a mente esteja RECEPTIVA para as mensagens e oportunidades do mercado. Normalmente as oportunidades são identificadas quando estamos tranqüilos e receptivos e não quando buscamos algo desesperadamente como náufragos.

É muito comum basear um negócio ou empreendimento em uma necessidade que nós mesmos sentimos. Se você sentir, é muito provável que outras pessoas também estarão sentindo, por mais banal ou mais complexa que seja a necessidade.

– Será que não estará aí a oportunidade que você busca? Na frente do nariz!

Na rotina do dia a dia, ou na mais exótica das viagens, você é confrontado com situações que sugerem soluções novas para problemas seculares, ou até complemento de soluções a partir de uma inovação que você percebe.

A cada situação nova que você identificar, estará diante de você uma oportunidade. Tente compreendê-la, pois:

– você identificou uma oportunidade.

Agora faça o segundo passo.

2. Avaliando sua preparação para ela

Uma vez que você passou do primeiro estágio e identificou uma oportunidade, o próximo passo é verificar se você está preparado para ela.

Este passo leva em conta os recursos e contempla as condições básicas para o empreendimento:
- Tenho o conhecimento para este negócio?
- Tenho acesso aos recursos para ele?
- Fiz todas as considerações a meu respeito?
- Fiz a lição de casa conforme sugere o Negócio da China?

Caso a resposta seja positiva para todas estas perguntas, e utilizando os conhecimentos adquiridos nos capítulos anteriores você poderá passar para a fase seguinte, pois: você avaliou e concluiu que:

– está preparado para ela.

Então é tempo de ação.

3. Correndo o risco

"se você se conhece e conhece teu inimigo,
não temas o resultado de cem batalhas."
Sun Tzu

Conhecer-se, implica na visão interiorizada do seu negócio, olhando de fora para dentro, avaliando sob todos os aspectos citados neste livro. Além disso, você deve sentir-se dentro do seu projeto, vivenciando-o e sentindo os efeitos que ele terá sobre você e os seus. E é claro, você deve apaixonar-se pelo seu projeto, pois a força da paixão é um dos fatores vitais para o sucesso.

Conhecer o seu inimigo: significa ter uma visão exteriorizada, ou seja, seu mercado, seus parceiros, seus concorrentes, seu país.

Enfim ter uma visão do contexto geral que você estará inserido e no qual estará navegando, preparado para as armadilhas da viagem que irá empreender.

"Não temer o resultado de cem batalhas": é claro que em qualquer empreendimento haveremos de contabilizar ganhos e perdas. Não é importante ganhar todas as batalhas, é importante ganhar a guerra. Para isto é fundamental manter-se nela.

Eventuais perdas, devem ser transformadas em conhecimento e capitalizadas dentro da cultura do empreendimento, para posteriormente transformá-las em ganhos permanentes.

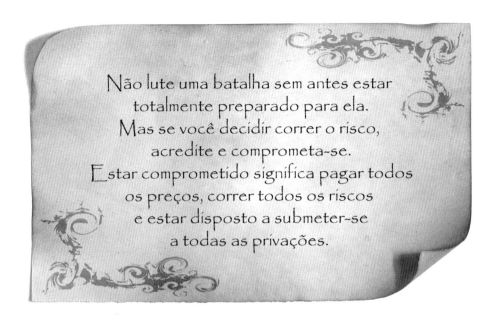

Não lute uma batalha sem antes estar totalmente preparado para ela.
Mas se você decidir correr o risco, acredite e comprometa-se.
Estar comprometido significa pagar todos os preços, correr todos os riscos e estar disposto a submeter-se a todas as privações.

Exercitar a disciplina, que permitirá separar a rotina das exceções, para alcançar o resultado que você busca, pois:

a originalidade do homem reside em sua capacidade para autotranscender-se.

E se, de alguma forma eu consegui contribuir para o seu sucesso, ou sucesso do seu negócio eu quero um pagamento.

Este pagamento será:

Ajude alguém que estiver precisando, mesmo que não mereça, e nunca conte isso a ninguém.

Este será o nosso segredo, pois um segredo só existe quando somente uma pessoa o conhece.

Ficarei grato pelo seu pagamento.

E nós seremos a cada dia, pessoas melhores.

*" a energia pode ser comparada ao retesar de um arco,
à decisão, ao lançar a flecha"*
Sun Tzu

Aponte e dispare para o lugar certo.

Boa Sorte!

---

* Sun Tzu. A Arte da Guerra.Traduzido do Chinês para o Francês pelo Padre Amiot em 1772. Traduzido do Francês por Sueli Barros Cassal. Editora L&PM Editores S.A. Porto Alegre. RS. Brasil.